D1734175

BÉLIER

André Barbault

BÉLIER

21 mars
20 avril

Seuil

AVERTISSEMENT

Si, parce que vous y croyez,
vous comptez recueillir des révélations
d'avenir de votre signe zodiacal,
renoncez à cette lecture.

En revanche, si, parcelle du tout
univers que vous êtes, votre intuition
vous fait ressentir l'adhésion
de la nature humaine au cosmos, oui,
alors, votre signe, en effet miroir,
peut refléter une partie de vous, au profit
d'une connaissance approfondie
de votre personne. Et cela en vaut la peine.

SOMMAIRE

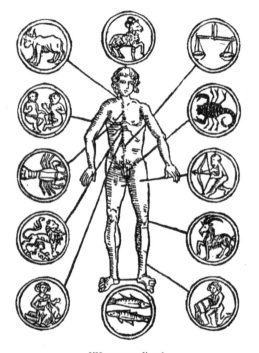

L'Homme zodiacal
Figure établissant une correspondance entre les parties
du corps humain et les signes du zodiaque, selon
une succession commençant avec la tête et le Bélier
et finissant avec les pieds et les Poissons.

ABC D'ASTROLOGIE

C'est du ciel que nous viennent la lumière et les ténèbres, le chaud et le froid, l'humide et le sec, selon l'horloge des équinoxes et des saisons.

Voilà pourquoi l'observation des cycles de croissance et de décroissance, de vie et de mort régis par les lois célestes a engendré, au fil des civilisations, l'élaboration de symboles complexes recouvrant toutes les étapes du devenir humain.

Langage parmi les langages, le zodiaque s'organise en un clavier symbolique qui tente de cerner les interrogations essentielles. Douze constellations sur douze « signes » vont se partager la responsabilité de l'origine des mutations saisonnières observées sur Terre. À chaque saison de l'année, les individus nés sous des configurations célestes spécifiques s'organiseront en types repérables. Ainsi, l'été, quand le soleil est au plus chaud, le caractère se colore des teintes vives de l'ardeur et de la passion. Volonté, extraversion, dynamisme, les valeurs « visibles » marquent ici leur empreinte. En hiver, au contraire, quand la lumière décline et que la nuit recouvre la Terre, le sujet est prédisposé aux valeurs d'introversion, de dépouillement, de concentration. Le monde « invisible » l'emporte...

Aujourd'hui, enfin sortie de la clandestinité où la reléguaient les préjugés d'une science « classique », l'astrologie connaît un renouveau d'intérêt et se fraie un lent et mérité passage hors du fatras obscurantiste des superstitions. La psychologie des profondeurs admet donc un caractère de vérité aux symboles astrologiques, héritage de l'inconscient collectif que vient même, à présent, corroborer l'analyse statistique des bilans de Michel et de Françoise Gauquelin, ainsi que de Didier Castille.

Toutefois, rigueur et précautions s'imposent dès que l'on entend faire usage de l'information astrologique. Car si celle-ci s'attache d'abord à cerner une variété de « types » humains, elle tente, dans un deuxième temps, une approche du devenir, synthèse logique des lois de l'être et du paraître. Et dans ce domaine, malheureusement, trop d'affirmations incontrôlables, trop de flous prétendument scientifiques et trop de croyances magiques bien éloignées du vrai discours astrologique vont brouiller les pistes.

Mais essayons d'y voir un peu plus clair en esquissant, étape par étape, le processus d'élaboration d'un horoscope.

Le zodiaque

✳

Tout d'abord, qu'est-ce que le zodiaque ? C'est la répartition de l'année en douze signes égaux qui se déploient sous la forme d'un cercle représentant le parcours annuel du Soleil dans le ciel.

Chacun de ces signes correspond à l'un des stades de la végétation dans le cycle des saisons. Ainsi, c'est à l'entrée du printemps que naît le signe jaillissant du Bélier, en août que s'affirment les valeurs glorieuses du Lion, en novembre que s'opèrent la destruction et la métamorphose régies par le Scorpion, en janvier que l'esprit, dégagé de la matière, connaît sa plus large expansion.

Cependant, par leur simplification même, les répartitions ont bien sûr leurs limites. Si le zodiaque représente, pour le plus grand public, la seule division de l'année en douze signes, il convient de préciser que l'astrologie, heureusement, ne s'en tient pas à cette approche. Le signe de naissance s'offre de lui-même à la curiosité de chacun, mais qu'en est-il de la position des planètes ? Ce « repérage » est pourtant essentiel car, dans le Ciel de naissance de chaque sujet, les astres vont se partager des significations spécifiques que rehausseront encore les lignes et les angles dessinés par leurs places respectives.

—

Ainsi, l'expression «être né sous tel signe» signifie que le Soleil, dans son tour de piste annuel du zodiaque, occupe au moment de la naissance l'un des degrés du signe en question. Être Bélier, par exemple, correspond à un anniversaire situé entre le 21 mars et le 20 avril, soit un parcours du Soleil de 1° à 30° du signe.

Il en sera de même pour les autres planètes – la Lune, Mercure, Vénus, Mars, Jupiter, Saturne, Uranus, Neptune et Pluton –, chacune effectuant sa «révolution» par rapport à notre Terre: elles parcourent ainsi le cercle du zodiaque comme une caravane empruntant une même piste, à ceci près qu'elles se déplacent à des vitesses fort différentes. Ainsi la Lune, astre fugitif, a-t-elle une révolution d'environ 28 jours (soit un parcours de 11° à 14° par jour, et la «couverture» d'un signe du zodiaque tous les deux jours). Uranus, Neptune et Pluton, les plus lointaines de notre système solaire, sont en revanche beaucoup plus lentes et marquent toute une génération de leurs «influences».

C'est ainsi que les douze signes zodiacaux sont visités tour à tour par les dix astres du système solaire, si bien que l'«influence» du signe est proportionnelle au nombre d'astres qui occupent ce dernier. Si, en plus du Soleil, plusieurs planètes – surtout parmi les planètes rapides (Lune, Mercure, Vénus ou Mars) –

occupent le signe, l'ensemble rend cette fois effective la ressemblance du sujet avec le type zodiacal qui lui correspond.

Mais les astres ne sont pas seuls en question dans la mise en valeur d'un signe zodiacal. Le type de chaque sujet va être affiné par la prise en compte du lieu et de l'heure de sa naissance, et seuls des calculs très précis de longitude et de latitude, comme des régimes horaires, vont permettre de définir l'« horizon » du Ciel de naissance du sujet et les points cardinaux autour desquels s'organise le ballet des planètes.

L'Ascendant

★

Le mouvement de rotation de notre globe constitue en effet, à sa façon, une « roue de fortune » qui met successivement l'accent sur tel ou tel point du zodiaque au cours des vingt-quatre heures. Toutes les quatre minutes, en moyenne, un degré du cercle zodiacal pointe à l'horizon oriental et passe de l'hémisphère inférieur à l'hémisphère supérieur. Pour nos contrées, un signe fera son ascension complète dans un délai allant de moins d'une heure à près de trois heures, d'où le nom « Ascendant » donné à ce lever de chaque signe et, par voie de conséquence, la « dramatisation » de l'heure de naissance, qui devient une précision de plus permettant d'individualiser l'horoscope.

Ce signe Ascendant a autant, sinon plus, d'importance que le signe solaire : si ce dernier définit un climat mensuel plus ou moins pénétrant, c'est une ambiance horaire que représente le premier, plus fugitive peut-être mais plus différenciatrice. Voilà pourquoi il est bon de prendre en considération la combinaison de ces deux notes zodiacales. Nous donnons à la fin de ce livre les moyens de découvrir ce signe Ascendant.

Le type planétaire

✱

Si les signes de naissance et d'Ascendant constituent en eux-mêmes des figures originales bien spécifiques qui tranchent par rapport aux onze autres types, ils n'en forment pas moins, chacun, un vaste monde peuplé d'une population très diversifiée. En son sein, la bigarrure ne manque pas, et ce sera à l'intervention des planètes et aux angles qu'elles échangeront entre elles qu'il faudra faire appel pour rendre compte du jeu de cette différenciation. On s'attachera notamment à repérer les planètes qui se lèveront à l'Ascendant

(comme le Soleil à l'aurore) ou « culmineront »
au Milieu-du-Ciel (comme le Soleil de midi),
définissant ainsi des dominantes planétaires.

Petit à petit, au fil du travail d'interprétation, des types vont surgir et s'affirmer (lunaire,
martien, jupitérien, saturnien...), chacun de ces
types pouvant même se subdiviser en sous-
types pour mieux appréhender les grands
plans du caractère (activité-passivité, émoti-
vité-inémotivité, primarité-secondarité, intro-
version-extraversion...).

Nous voici bien loin, n'est-ce pas, des sim-
plismes du seul signe anniversaire...

Naturellement, il ne sera pas question de
parler de signes supérieurs ou inférieurs, bons
ou mauvais, intelligents ou non... Chacun
d'eux est, par rapport aux autres, comme la
note d'une gamme, une note égale mais diffé-
rente qui a son propre registre de tendances,
avec bien sûr ses qualités et ses défauts.

Depuis quelque temps, d'autres systèmes
zodiacaux issus de cultures et de pays diffé-
rents sont vulgarisés en Occident : astrologie
chinoise, avec sa représentation d'animaux
emblématiques (dragon, serpent, rat, coq...),
oracles arabes, aztèques... Ce pluralisme rap-
pelle que, si le symbolisme planétaire est universel, le zodiaque en revanche présente des
variantes, dont chacune est le dépôt d'une âme
collective qui a forgé son propre savoir selon

les normes de son environnement et de son histoire. C'est pourquoi il peut sembler téméraire,
voire artificiel, de transposer à notre usage des
claviers symboliques aussi parfaitement spécifiques et qui, pour nous, ne peuvent qu'être
inappropriés. Chacun de ces systèmes astrologiques exotiques est destiné à des mentalités
précises, et possède donc sa propre cohérence
locale. De même qu'on ne peut comprendre la
musique tibétaine si l'on ne se fait pas tibétain,
de même l'astrologie étrangère n'est-elle qu'un
savoir de déraciné culturel. Notre zodiaque
nous livre le vrai visage de notre culture et de
notre civilisation. Pour l'Occidental, en effet,
qu'il soit étudiant, chercheur ou simple curieux,
il se présente donc comme le langage de notre
géographie anthropologique (paysage qui nous
a vu naître et auquel nous appartenons), et
il permet, à travers ce langage, de rejoindre
l'universel.

ÊTRE

SYMBOLIQUE

Le feu originel

★

Quand, chaque année au 21 mars, le Soleil revient dans le premier signe du zodiaque, le Bélier, nous entrons dans une nouvelle année astronomique. L'astre passe au point vernal qui est le 0° du Bélier (entrée du signe), lieu où l'écliptique rencontre l'équateur céleste. Il quitte l'hémisphère Sud et franchit l'équateur pour entrer dans l'hémisphère Nord. Tel est le sens de l'équinoxe du Bélier, qui nous introduit dans la saison du printemps, inaugurant l'année terrestre. La période mensuelle pendant laquelle le Soleil traverse le signe (du 21 mars au 20 avril) correspond à la première phase printanière dans notre hémisphère.

Pour nous, le Bélier signifie donc la résurrection de l'année et l'aurore d'un cycle nouveau. Ce moment particulier se caractérise, comme l'aube, par la montée et par la victoire de la chaleur et de la lumière du Soleil. À l'équinoxe du printemps, les jours et les nuits s'équilibrent ; à mesure que le Soleil avance dans le Bélier, la force de jour s'élève avec une intensité croissante. C'est pourquoi, déclare Alexander Ruperti[1], la chanson du Bélier est une chanson d'exaltation solaire parce qu'en lui et à travers lui le Soleil (exalté en Bélier) sent la victoire sur la nuit gagnée. C'est le jaillissement des forces brutes de la vie terrestre. Les bourgeons éclatent, les jeunes pousses soulèvent la terre et percent leur enveloppe. Les animaux se reproduisent. Un sang nouveau anime les créatures de notre hémisphère, en plein processus d'oxygénation et d'oxydation, et la nature est le champ d'une conflagration générale de toutes les forces vives en évolution. Cet embrasement aboutit à un bondissement en avant de la nature, sous l'impulsion expansive du feu originel[2].

On comprendra surtout le Bélier par rapport au signe qui lui est opposé, la Balance, dans une dialectique de l'équinoxe de printemps et de l'équinoxe d'automne. Au Bélier

1. Cours sur l'astrologie psychologique de Rudhyar, édité par l'auteur, Lausanne, 1947.
2. Sans doute, en nous référant au cycle saisonnier, nous ne traitons qu'un cas particulier au point de vue climatique, valable surtout pour nos contrées tempérées de l'hémisphère boréal, mais nous entendons bien que le schéma végétal et saisonnier n'est qu'un schéma permettant d'illustrer, par un exemple concret, un cycle naturel.

est la spontanéité première, l'impulsion créatrice, l'élan primitif. L'être de ce signe jaillit dans l'inconscience et n'est jamais tout à fait certain de ce qu'il est ; il est inadaptable parce que son instinct vigoureux libère des forces nouvelles encore inclassables ; ces forces peuvent être assimilées à un feu dévorant, à une poussée désordonnée, anarchique, à un volcan dévastateur ; elles ont une grande puissance d'expansion, mais ne se contiennent pas et gardent un caractère inconscient, non-orienté, primitif. En face de l'impulsion pure et brute du premier signe il y a le règne équilibré de la Balance, dont les deux plateaux égalisent le moteur et le frein, l'élan et la contrainte. Ici, tout s'apaise, tout se détend ; nous vivons dans un monde de demi-tons, un monde délicat, poli, raffiné, humanisé ; l'être de ce signe perd trace de sa vérité première, mais il est le type le plus adapté, le plus accommodant, le plus assimilé qui soit, l'être fait pour la coopération et l'association.

On doit aussi différencier le Bélier dans un triangle de l'élément feu, où il participe avec le Lion et le Sagittaire. Alors que le signe mûr du Lion représente le feu maîtrisé, la flamme domestiquée, la force ignée orientée et rendue aux puissances du moi, et que celui du Sagittaire est une sorte d'essence purifiée et destinée aux transports spirituels, le feu du Bélier est la

puissance animale du feu qui explose au premier temps de la manifestation ; c'est le feu
créateur autant que destructeur, aveugle autant
que sublime, rebelle, chaotique, capable, à partir d'un point central, de rayonner dans toutes
les directions. On le retrouve dans la décharge
fulgurante et indomptable de la foudre, comme
dans le transport de l'orgasme.

Au regard de ce qui se passe dans la nature
en mars, ce n'est pas un hasard si ce premier
signe est personnifié par un bélier, l'animal que
l'on voit toujours en tête du troupeau, dont
toute la force est concentrée dans la masse crâ-
nienne et qui est toujours prêt à foncer cornes
en avant. Le hiéroglyphe utilisé pour ce signe
stylise d'ailleurs les cornes de l'animal, et il
exprime l'impulsion de l'unité, la poussée des
forces, l'expansion, l'essor. En fait, le bélier n'est
que tête et cornes. Il symbolise on ne peut
mieux le rythme et la qualité fondamentale
du signe : jets, bonds, impulsion, explosion,
éclatement, déflagration, effervescence, renouvellement, commencement, création... C'est le
souffle du feu créateur, du feu prométhéen.

Précisément, son verbe dynamique est bien
traduit par les préfixes « pro » (procréer, pro-
jeter, provoquer, propulser, proposer, proférer,
promouvoir) et « pré » (prévenir, préparer).
Mais c'est aussi et surtout un verbe agressif.
La nature en mars-avril est tout haletante,

bouillonnante, tumultueuse, convulsive : c'est
la lutte pour la vie, à pleines dents et à pleines
griffes ; c'est le règne de la loi du plus fort, de la
sélection naturelle. Or, si la chanson du Bélier
est une chanson d'exaltation solaire, elle est
plus encore un cri de guerre martien. En fait, le
signe est placé sous la tutelle planétaire de
Mars, la tendance de cette planète se confondant quelque peu, tellement elle lui ressemble,
avec celle du signe. La lumière de la planète
Mars est rougeâtre, ardente comme une flamme,
et donne l'idée d'un feu. Telle nous la voyons
aujourd'hui, telle elle brillait sur nos aïeux. Son
nom, dans toutes les langues anciennes, signifie « embrasé », et sa personnification mythologique (et astrologique) est celle du dieu de
la guerre.

Ce signe est donc d'autant plus expressif,
dans un caractère et dans une vie, que Mars et
le Soleil ont une position privilégiée à la naissance. Par ailleurs, comme ce signe exprime
des valeurs d'aurore, il se révèle avec encore
plus de pureté si, à la naissance, des astres
(luminaires et planètes) se trouvent au point
du Ciel où ils se lèvent à l'orient, c'est-à-
dire près de l'Ascendant, dans la zone appelée
« Maison I ». Il existe donc un groupe de tendances connexes qui figurent dans un complexe symbolique Bélier-Mars-Soleil-Maison I,
que l'astrologue doit déchiffrer à chaque nais-

sance. En revanche, la force et la pureté du Bélier peuvent se trouver fortement altérées par des astres d'une nature opposée à la sienne quand ils dominent. Tel est le cas de Vénus, qui a son lieu d'exil dans le Bélier (elle le dévirilise et le féminise), et de Saturne, en chute dans ce signe (il l'inhibe, détruit sa spontanéité, le paralyse).

MYTHOLOGIE

La Toison d'or

*

En sanscrit, l'explication des mots est souvent donnée par leurs synonymes ou même par des jeux de mots. Le premier signe du zodiaque sanscrit est appelé *Mecha*. Un synonyme en est *Aja*, « qui n'a pas de naissance ». On s'explique ainsi l'application au signe *Mecha* (notre Bélier) des attributs de Parabrahman (*Brahman* signifie « l'Éternel »). C'est donc le symbole d'une source primordiale, d'où découleront toutes les manifestations de l'esprit aussi bien que de la matière.

En se reportant à la fin du zodiaque (et à la notion de l'éternel recommencement), on peut concevoir que, sortant de l'absolu symbolisé par l'océan primitif des Poissons, le rayon-force, destiné à créer du relatif, se manifesterait au Bélier, en correspondance avec le principe feu-éther des Grecs, et serait la force motrice du monde. On sait d'ailleurs que, dans la conception ancienne de la division du Cosmos en sphères, le fleuve de vie prenait naissance

« sous le trône de l'agneau » et se trouvait figuré par la constellation *Eridanus*, symbole planétaire d'un fleuve, l'Éridan. Notons aussi que, dans les astrologies successives, les divinités planétaires qui ont été choisies pour gouverner le Bélier ont toutes un accord avec l'oriental *kâma*, c'est-à-dire le désir (de ce qui viendra) exprimé sur un plan astral.

Le même principe de filiation se retrouve dans les mythologies et même dans les théologies qui sont venues plus tard. Chez les hindous, le dieu créateur, appelé « Poisson de Feu », est considéré par eux comme le père des trois Feux (les trois signes de feu dont le Bélier est le premier). Ce dieu créateur se nomme « Agni », et on le représente monté sur un bélier. Dans la Perse ancienne, le bélier était appelé « agneau », et le sacrifice de l'immolation d'un divin agneau tend à exprimer une forme tangible de l'infinité divine. C'est encore l'agneau pascal, immolé à la Pâque juive, symbole du recommencement après le passage de la mer Rouge, véritable déluge quoique plus bénin que celui de Noé ou que le Pralaya oriental.

C'est donc au Bélier que tout recommence, que le Soleil renaît en signe de feu. C'est d'ailleurs le siège de Mithra, le dieu solaire persan ; en Égypte, c'est le trône d'Amon-Râ, dieu du Soleil portant des cornes de bélier. Dans la mystique chrétienne, le Christ est appelé « l'Agneau », et nous retrouvons cette idée d'une manifestation divine sur un plan temporel, avec l'expression d'un sacrifice qui lui est lié. La mythologie païenne des Romains offre encore des symboles du même genre, puisque les deux gouverneurs du signe océanique des Poissons étaient Jupiter et Neptune. Or, d'après la fable, Neptune avait procréé le fameux bélier à toison d'or. Jupiter, de son côté, avait livré à Python un grand combat en vue de reprendre ses foudres, que celui-ci lui avait ravis (symbole correspondant à l'équinoxe d'automne).

Le Soleil est donc ressuscité au Bélier. C'est ce qui donne à ce signe un mythique complexe, qui s'apparente, en tant que signe de printemps, d'essor, de jaillissement (toujours le rayon), aux sentiments de nature contradictoire de l'enfance. La vie, à son aurore, paraît chargée à la fois de promesses illimitées et d'embûches imprévisibles. C'est ce qui fait d'un Bélier, comme d'un enfant, un être qui se montrera en même temps extrêmement revendicateur et tout porté à l'abandon, livré à la nécessité de toucher à tout pour explorer, reconnaître et s'approprier le monde extérieur, sans avoir autre chose à donner en échange que soi-même.

La légende qui illustre le mieux les nuances de l'ensemble du Bélier paraît être celle, si célèbre, de la *Toison d'or*, qui se divise en deux parties : sa perte sur les rivages asiatiques à la suite de l'immolation du bélier Chrysomallos, puis sa reconquête par Jason et les Argonautes. Indiquons-en ci-dessous le déroulement général et ses rapports symboliques avec notre signe.

À Thèbes, le roi Athamas était également le grand prêtre de Zeus-Laphystios. À ce titre, représentant de la puissance du dieu, il devait suivant certains rites immoler de jeunes béliers consacrés en offrande. Il avait été l'époux de Néphélé (dont le nom signifie « nuage »), qui vivait dans l'Olympe parmi les dieux. Elle lui avait donné deux enfants, Hellé la Lumineuse et Phrixos le Bouclé. Mais Athamas finit par se lasser de Néphélé, constamment lointaine et perdue dans les nuages ; il lui préféra Ino, qui fut sa femme terrestre bien qu'elle fût directement descendante d'Arès (Mars), fils de Zeus (Jupiter) et d'Héra (Junon). La jalousie inspira Ino, qui détestait les deux enfants de Néphélé, mais elle jugea bon de faire appel à la volonté supposée des dieux pour essayer de s'en débarrasser sans intervention personnelle apparente. Pour cela, elle conçut un plan compliqué qui consistait à s'entendre d'abord avec les semeuses nationales pour que toutes les graines soient brûlées avant d'être semées. Bien entendu, il en résulta une famine sans précédent. En sa qualité de grand prêtre, le roi dut interroger les dieux sur la raison de leur courroux et les moyens de l'apaiser. Ino, en prévision de cela, avait séduit l'oracle. Celui-ci décréta donc nécessaire que fût immolé un bélier, un bouclé, décision qui suscita l'angoisse de Phrixos le Bouclé. Craignant d'être sacrifié par son père, il se mit à prier sa mère Néphélé pour que, vivant parmi les dieux, elle intercède pour lui. Néphélé obtint en effet qu'une nébuleuse (symbole neptunien, donc des Poissons) se condensât sous la forme d'un bélier d'or brillant qui se mit à la disposition des enfants pour les emporter vers le lieu de leur désir, l'Orient, premier rayon de l'aurore. Phrixos et Hellé, montés sur son dos et cramponnés à sa toison, sentirent, malgré l'inconnu de cette randonnée, leur angoisse habituelle s'évanouir et le sommeil s'emparer d'eux à la chaleur qui rayonnait de l'animal. Phrixos s'endormit, confiant dans la protection maternelle de Néphélé. Ce faisant, il relâcha son bras qui retenait par la taille sa sœur Hellé. Celle-ci tomba alors à la mer dans le détroit des Dardanelles, d'où le nom antique « Hellespont ».

Voici donc, chez le « bouclé », l'image de la facilité à lâcher la proie pour l'ombre, à laisser le bonheur déjà atteint pour un autre, entrevu en songe ; on voit aussi l'énergie totalement tendue, à laquelle peut succéder l'abandon complet.

Dans notre légende, le bélier volant déposa Phrixos sain et sauf en Colchide, sur la rive asiatique, au milieu de peuplades cruelles. Le bélier, craignant pour Phrixos l'accueil brutal du roi Aètes, lui enjoignit, pour être reçu avec bienveillance, de le tuer, lui son sauveur, en vue d'offrir au roi sa toison d'or. Phrixos s'y résigna, et le roi lui donna une de ses filles en échange. Par la suite, il fit conserver la précieuse toison dans un petit bois consacré à Arès (Mars), sous la garde d'un « dragon sans sommeil ».

Ici prend place le symbolisme du sacrifice, quelquefois obligatoire, de l'idéal du moi en vue de l'obtention de réalités tangibles. Si l'homme marqué par le Bélier veut conserver un équilibre entier dans une synthèse harmonieuse, il passera souvent par des sacrifices.

Par ailleurs, nous voyons la toison d'or, symbole de la valeur suprême de la sagesse, gardée dans une forêt consacrée au dieu de la guerre sous l'œil d'un « dragon sans sommeil ». La possession de la sagesse implique en effet une lutte constante pour résoudre les contradictions primordiales, un renoncement définitif au cheminement agréable, mais trop fantaisiste, auquel l'enfance tente de s'accrocher.

La seconde partie de la légende est encore plus connue. Il s'agit de la reconquête de la toison d'or. C'est Jason qui entreprit cette aventure sur la suggestion de son parent Pélias. Jason, enthousiaste, rassembla cinquante de ses amis, qui l'escortèrent dans cette magnifique entreprise. Ce fut l'expédition des Argonautes, dont les tribulations diverses sont assez connues.

Toute cette légende repose clairement sur des symboles se rapportant au Bélier et sur les valeurs martiennes, qui dominent en les complétant celles propres au signe. Notons surtout les nuances d'enthousiasme qui ont déterminé l'expédition, les valeurs de pionnier qu'incarne Jason, la notion de défrichage qui s'attache ici justement au champ d'Arès, l'agressivité matérialisée par les « dents du dragon », le soc de la charrue et le feu soufflé par les naseaux. Tout cela se retrouve en des aspects plus modernes, mais sous une essence éternelle, chez les natifs du Bélier, nos contemporains.

Le héros Bélier considère qu'il n'utilise que très peu de son énergie, de sorte qu'il parvient mal à la libérer ou à la diriger selon ses souhaits. De là provient le désir de trouver, à tout prix, un terrain de combat ; de là vient cette précision des guerriers issus instantanément des « dents du dragon », incarnant tous ces projets tôt éclos, riches en promesses, mais aussi en surprises, qui risquent de se retourner contre leur auteur. Il faudra parfois les sacrifier jusqu'au dernier avant de conquérir la suprême sagesse.

On peut constater enfin, dans cette légende, la trace de l'enchaînement des différentes valeurs zodiacales puisque l'intervention de

Médée, l'enchanteresse, paraît bien représenter l'appui de l'expérience du passé et mettre en évidence, comme celle de Néphélé d'ailleurs, des symboles neptuniens : la brume dissimulatrice, l'amour comme dissolvant des devoirs, les philtres et les soporifiques. Voici donc, dans un nouveau cycle qui commence avec le Bélier, l'acquis du cycle précédent terminé aux Poissons neptuniens, venant au secours en quelque sorte de l'impétuosité franche, quelque peu naïve, du Bélier martien : dans la fable, c'était Neptune (Poséidon), maître des Poissons, qui, sur la prière instante de Néphélé, avait d'une nébuleuse engendré le bélier à toison d'or.

PSYCHOLOGIE

Les grandes aventures

✱

Par sa position en première page des douze caractères humains, le Bélier est de tous les types zodiacaux le moins différencié, le plus brut, le plus simple. L'astrologue Cyrille Wilcz-kowski l'a fort bien décrit. Il le présente comme « une âme enfantine qui ne connaît pas les dédoublements et les complications d'une âme adulte, une âme d'une seule pièce, se donnant totalement, réagissant totalement en présence de tout phénomène extérieur, obéissant totale-ment à toute impulsion intérieure. Comme chez l'enfant, la marge entre le désir et l'action sera, chez lui, quasi inexistante, et le rêve se confondra souvent avec la réalité. Il sera inca-pable de calcul et de ruse. Ses actes seront empreints de franchise et de spontanéité. Le sentiment le plus généreux et le caprice le plus naïf constitueront, au même titre, des impé-ratifs inconditionnés [...]. Comme l'enfant, il ne connaîtra d'autre passé qu'un passé immédiat. Il vivra orienté vers l'avenir, dont il ne sera pas capable de mesurer les menaces. Il distinguera mal entre le possible et l'impossible. Il n'aura pas le sens des proportions et de la relativité. Le malaise présent prendra chez lui un caractère exagéré et insupportable [...]. Il s'effrayera d'une ombre et ne comprendra pas les dangers réels. Pour fuir l'angoisse imprécise de l'instant, il s'élancera dans l'aventure la plus folle, car c'est le futur qu'il va parer d'un prestige merveilleux, et le dynamisme inépuisable de son âme éternellement jeune le projettera constamment vers la conquête de l'inconnu.[1] »

Un « primaire »

★

Ce beau coup de crayon nous introduit dans l'étoffe du personnage, qui est faite, avant tout, d'une fonction que les caractérologues appellent la « primarité ». Déjà, le psychologue Paulhan l'avait dégagée sous le nom de « présentisme », qui marquait selon lui une prédominance excessive dans l'esprit de l'état présent. Cet engorgement de l'émotion dans l'actuel, dans le moment, dans le présent, entraîne diverses conséquences au point de vue caractérologique :

1. *L'Homme et le Zodiaque*, éditions du Griffon d'or, Paris, 1947.

engouement momentané, emportement, exa-
gération, tendance aux extrêmes, versatilité,
injustice par impulsivité, crédulité, naïveté,
gaieté, vivacité superficielle, étourderie, frivo-
lité, bonté, générosité, courage, témérité, extravagance, exaltation, enthousiasme, poussées
passionnées, ferveur impérieuse, politique du
tout ou rien...

Précisément, notre Bélier est un primaire, en
ce sens que chez lui les impressions reçues pro-
duisent le maximum d'effet immédiatement et
rapidement, mais sont sans lendemain. Il vit,
agit et pense en fonction du présent ; ses réactions sont immédiates et brèves ; elles s'épuisent
vite puisque l'impression que font les événe-
ments sur lui ne laisse pas de traces. C'est ainsi
que ses impressions et ses réactions sont parti-
culièrement mobiles. On le voit impulsif, vite
consolé, immédiatement réconcilié, changeant
dans ses sympathies, intéressé par de nouvelles
rencontres, facile à convaincre, désireux de
changement, agissant en vue de résultats
immédiats, contradictoire dans sa conduite,
indiscipliné dans sa vie.

Un actif

★

Son activité primaire de bilieux lui donne un rythme de vie précipité, une motricité développée, des réactions fortes, saccadées, souvent extrêmes ou exagérées. Elle lui donne un besoin d'action prononcé, en fait un être occupé, toujours en effervescence et infatigable.

Il y a quelque chose de l'agressivité mordante dans son action. Il possède surtout une force de choc, un pouvoir d'attaque percutant qui vient d'une mobilisation d'énergie immédiate et totale. Tout de suite, son action prend une folle allure et se traduit par des décharges, par des à-coups spasmodiques, par des coups de boutoir et, dans les cas pathologiques, par des impulsions épileptiques. Cette disponibilité motrice toute massée au-devant de lui, prête à fuser, lui donne une faculté d'entraînement assez extraordinaire, mais elle en fait aussi un risque-tout dangereux. Il faut qu'il agisse. Il recherche et crée les occasions de se manifester, saute au besoin sur l'obstacle, le provoque même. Il est mené par un instinct de conquête toujours inassouvi, qui s'exprime par le sens des initiatives et l'esprit d'entreprise : il s'enflamme à l'idée de projets, de plans d'action, d'exécution, de prouesses à réaliser. Son instinct de combativité s'observe quand la lutte renouvelle son élan, quand l'obstacle redouble son zèle. Il sait risquer gros et mettre le prix pour atteindre son but ; cela lui est d'autant plus facile qu'il aime l'effet produit et qu'il a le sens du prestige.

Mais s'il sait si bien attaquer, avec tout le poids de sa force, avec également un à-propos remarquable, il est moins brillant à l'arrivée. Il a même l'art d'abandonner ses entreprises avant de les achever. Ce qui l'intéresse, c'est l'attaque, l'amorçage ; si, par la suite, la situation n'est pas émaillée d'incidents, de faits nouveaux, si l'entreprise évolue dans une régularité monotone, alors la tension s'apaise, l'intérêt baisse, et notre sujet s'en va vers de nouvelles amours.

Pourtant, sa volonté sur autrui sait assez bien s'affirmer. Non pas que le type Bélier soit authentiquement un chef ; il se présente souvent comme tel, mais il est beaucoup plus un entraîneur, un animateur. S'il commande, à l'instar de l'animal à la tête du troupeau, c'est qu'il est avant les autres, le premier, et qu'il sait se faire suivre en donnant l'exemple. Il a du reste assez de qualités pour jouer au chef : rythme rapide, dynamisme, efficience, sens de l'orientation, de la décision, de l'engagement. Plus que le goût, il a l'instinct du commandement ; il est un conducteur-né qui a un ascendant direct sur autrui. On ne doit cependant pas toujours le suivre les yeux fermés : sa hardiesse est trop souvent témérité.

Un surémotif

★

Nous rencontrons toujours chez le type Bélier, avec une activité constamment rebondissante, une émotivité drue, à pression importante. Il vit dans l'émotion, à la recherche des sensations fortes, des chocs et des angoisses ; il entretient sa forme dans un univers de vacarme, de folies, de désordres, d'excès, de manifestations violentes. Ennemi de la nuance et du raffinement, qu'il juge être une forme de décadence, il s'installe avec sa robuste nature dans les gros plans de l'effet instinctif direct. Il est assurément un passionné dans toute la vigueur de son tempérament.

Cette émotivité, elle aussi, prend facilement un tour agressif. Elle est explosive dans ses manifestations et trouve son piment dans un amour de l'indépendance qui se confond avec l'indiscipline dans la provocation : chose défendue, chose désirée. Elle entraîne dans la démesure et fait trop souvent régner la loi enfantine du tout ou rien de l'instinct.

Certes, le ressort émotif décuple les moyens d'action et recharge les batteries en service ; c'est lui qui porte le réalisateur, le stimule et le grise. Mais associée à la primarité, l'émotivité est moins heureuse dans ses effets. C'est à cause de cette association que le type Bélier ne sait pas résister à l'appel du désir, et qu'il s'emballe. L'engorgement de l'émotion dans l'instant engendre des états paroxystiques extraordinaires, joie ou douleur, d'autant plus éphémères qu'ils sont intenses. Dans ces moments-là, le sujet est tenté de jouer son destin, sans considération du lendemain. Minutes de ferveur, transport délirant, crise de désespoir, peur panique, l'événement est grossi à la dimension d'un gigantesque phénomène et vécu comme un choc insurmontable. C'est dans ces vagues exceptionnelles de panique, d'angoisse suraiguë, de douleur brûlante – auxquelles fait généralement suite une salutaire débâcle nerveuse – que ce type commet, dans l'irréflexion et la précipitation, l'irréparable, la folie qui le condamne. Le fort a disparu ; ses ressorts sont cassés ; sa belle assurance est brisée ; un certain « panurgisme » remplacera pour un temps l'altière conduite du guide. On comprend ici que le courage est quelquefois un réflexe à la Gribouille. Arme à double tranchant, l'émotivité le maintient dans l'effervescence, la ferveur et la passion, mais elle le fait aussi se précipiter dans l'affolement et la déraison.

Avec une telle surémotivité, la conscience de soi n'est pas aveuglante. Certes, notre émotif-actif est fort, et le sentiment de cette force se trouve accru dans le moment présent en raison de la primarité, mais dans quelle mesure n'y a-t-il pas chez notre type une surestimation de soi, une manière naïve de vantardise et d'exhibitionnisme ? Le Bélier du sexe fort est fier de sa virilité comme un coq. Il supporte difficilement qu'on le sous-estime et, quand il est blessé dans son amour-propre, il se réfugie dans une attitude de revendication et d'hostilité.

On ne saurait lui demander trop d'objectivité vis-à-vis du monde extérieur, auquel il participe chaudement. Il y a trop d'émotion dans ce cœur généreux, enthousiaste et candide, pour qu'il juge les choses sous leur véritable aspect. Son imagination les amplifie largement, d'où les erreurs d'estimation, voire un côté utopique : son univers n'est pas éloigné de celui de don Quichotte. Il n'a pas suffisamment de distance pour comprendre les autres êtres humains ; il leur prête ses sentiments personnels, les voit à son image. Ce bon cœur en vient parfois à jouer l'autoritaire généreux, croyant bien faire en imposant des goûts (les siens) qui ne sont pas agréés.

Force et faiblesse

★

Il n'est pas difficile de saisir le plan de supériorité de cette nature monolithique. Elle est en effet dans sa spontanéité, qui maintient le type Bélier dans un état constant de fraîcheur et de renouvellement. Toute sa force est dans son dynamisme, très souvent tendu comme un ressort prêt à bondir, dans sa foi d'enfant pur, dans son élan juvénile, source de toutes les inspirations, de toutes les générosités. Pas d'automatismes chez ce redoutable improvisateur, dont les réactions sont quasi imprévisibles, dont les réflexes surprennent. On a l'impression que son clavier de conduites psychologiques est inépuisable, qu'à chaque action nouvelle se lève un nouvel être, cependant toujours lui-même, et cela en dépit d'une simplicité d'attitude enfantine, d'une vérité d'homme touchante.

Sa ligne de moindre résistance est non moins bien tracée. Elle est dans son pouvoir d'illusion, dans sa témérité, dans ses imprudences, dans son côté « risque-tout ». Ce travers est lié à une faculté d'emballement, d'échauffement facile et rapide qui lui fait perdre toute mesure, le conduit à des coups de tête, à des actes irréfléchis, à des gestes emportés et violents qu'il regrette peu de temps après. Il doit donc s'entraîner à retenir son premier mouvement d'humeur pour se reprendre. Sa soif de nouveauté ne doit pas le conduire au vagabondage. Elle peut et doit même être un facteur de jeunesse inépuisable.

L'intelligence intuitive

✳

Il en est du Bélier comme de tout autre type zodiacal : il ne saurait se caractériser par son niveau d'intelligence. Il n'y a pas de signe plus intelligent que les autres, pas plus qu'il n'est de bon ou de mauvais signe, mais sur la base du tempérament et du caractère de chaque signe se greffe un type particulier d'intelligence.

Pour le Bélier, ce qui est spécifique, c'est la forme d'esprit inventif, improvisateur, innovateur ou rénovateur ; il s'agit toujours de se caractériser ou d'exceller en faisant du neuf, du nouveau, de l'inédit, comme pour être le premier. C'est, dans le plein sens du mot, un esprit partisan, capable de donner toute son ardeur généreuse à des opinions préconçues, à des convictions arrêtées, non sans une partialité parfois choquante et aveuglante. C'est ce qui fait la force et la faiblesse de cette intelligence, dont l'intuition fuse avec une extraordinaire rapidité mais dont le jugement exprime une vision unilatérale. Cela ne fait pas toujours un esprit stable, à moins qu'il ne se donne du recul, ce qui n'est pas souvent le cas. Un tel type peut devenir un accoucheur d'esprits, un donneur d'idées, un éveilleur, par ses théories nouvelles et ses conceptions inédites. Accompli, il possède un tour d'esprit spécial, un côté génial ; il sait faire l'usage le plus heureux des paradoxes et ne recule pas devant les idées les moins reçues ; il a l'art de soutenir les thèses qui choquent et arrive à convaincre, à séduire plus exactement. Il a surtout le don de nous introduire dans un univers neuf.

Si l'on veut faire entrer cette disposition d'esprit dans une classification établie, on ne peut que la rapprocher de la fonction intuition de Jung, laquelle est tenue comme un flair qui nous communique spontanément des perceptions par la voie de l'inconscient et nous introduit dans l'intimité des choses. Cette corrélation a été tout au moins proposée par un pédagogue suisse, le docteur Adolphe Ferrière [1].

Jung lui-même dit du type intuitif qu'il « possède un flair remarquable pour tout ce qui promet des découvertes nouvelles ; il s'y voue avec un enthousiasme extrême, quitte à abandonner son champ d'action de sang-froid, sans

1. Adolphe Ferrière, *Le Cosmos et l'Homme*, éditions Rigois, Turin, 1953.

pitié et sans paraître lui accorder le moindre souvenir, aussitôt qu'il en a déterminé la portée et qu'il n'en attend plus aucune transformation digne de retenir son attention [...]. Il peut rendre des services de premier ordre à la société comme initiateur, ou tout au moins comme propagateur d'innovations en tout genre. Il est le représentant naturel de toutes les minorités qui préparent l'avenir. Lorsque son intérêt le porte moins vers les choses que vers les gens, il est capable de déceler en eux, avec un sentiment très juste, certaines capacités ou aptitudes, de telle sorte qu'il se révèle comme un faiseur d'hommes [1]. »

L'intuitif extraverti a un flair aigu pour ce qui est en germe, ce qui promet pour l'avenir. Jamais il ne s'arrête à des valeurs établies. Il est toujours à la recherche de voies nouvelles, attiré par l'inconnu. Il vit au-devant de lui-même, orienté vers l'avenir, peu préoccupé de la réalité du moment ; il est l'avocat de toutes les minorités prometteuses. Importuné par le réel – dont le sens lui fait défaut –, il est aux antipodes des possibilités concrètes de la vie, aussi abandonne-t-il souvent les champs qu'il a ensemencés, que d'autres moissonnent. Non conventionnel, il est souvent pris pour un

1. Carl Gustav Jung, *Les Types psychologiques*, Librairie universitaire, Genève, 1950.

aventurier. Beaucoup de ceux qui sont nés sous le signe du Bélier ou dont le signe Ascendant est le Bélier ont une intelligence du type intuitif extraverti (Descartes, Einstein, Vinci), mais certains – en raison d'une forte marque saturnienne – appartiennent au type intuitif introverti. Chez eux, l'intuition se dirige vers les objets intérieurs, se meut d'une image à l'autre, à l'affût de toutes les possibilités enfouies dans la masse inconsciente, sans jamais paraître établir une relation entre le phénomène et eux-mêmes. Ce type donne donc des hommes originaux ou énigmatiques, rêveurs, visionnaires, artistes, fantasques, dont la réalité est avant tout l'inconscient peuplé d'images, le monde intérieur inépuisable de richesses, de visions, d'inspirations (c'est plus ou moins le cas des Bélier saturniens tels que Baudelaire, Goya, Mallarmé, Van Gogh ou Savonarole [1]).

1. Finalement, le type Bélier se situe typologiquement dans la ligne du tempérament bilieux classique, du caractère colérique (émotif-actif-primaire) et de la fonction intuition.

Les types planétaires
du Bélier

★

On est plus ou moins Bélier selon l'occupation du signe, et différemment aussi selon la ou les planètes qui dominaient au moment de la naissance.

Voici un aperçu sommaire de ces catégories de Bélier, limité aux observations les plus courantes.

Le *solaire* : dominante idéaliste, passionnée, en quête de lumière et d'intensité (Casanova, Pierre Fresnay, Herbert von Karajan, Raphaël, Thérèse d'Avila, Arturo Toscanini, Flora Tristan, Gloria Swanson, Marlon Brando).

Le *lunaire* : dominante de l'imaginaire en effervescence, de la sensibilité intense, de la fantaisie débridée ou de la passion exacerbée (Gogol, Ibsen, Mistinguett, Swinburne, Michel Simon, Moussorgski, Peter Ustinov, Verlaine).

Le *mercurien* : dominante du jeu de l'esprit, de l'adaptation improvisatrice ; brio et fantaisie (Jean-Claude Brialy, Alec Guinness, Maurice Ronet, Omar Sharif, James Stewart).

Le *vénusien* : l'éclat printanier d'une vie guidée par l'élan affectif ; chaleur et sensualité (Doris Day, Jayne Mansfield, Mᵐᵉ Vigée-Lebrun, Van Dyck).

—

Le *martien*: dominante virile, excitable, agressive, outrancière, effrénée, tumultueuse ou dure (Jean-Paul Belmondo, Jacques Brel, Pierre Boulez, Bette Davis, Nino Manfredi, Caroline et Joachim Murat, Ugo Tognazzi, Van Gogh, Vlaminck).

Le *jupitérien*: dominante de vigueur et de force, d'autorité, d'affirmation, de puissance conquérante et/ou de plaisir de vivre (Zola, la Castiglione, Charlemagne, Saturnin Fabre, Gambetta, Fragonard, Telemann, Françoise Rosay, Khrouchtchev, Maximilien Ier de Habsbourg).

Le *saturnien*: dominante hyperémotive à tendance dépressive, tourmentée, douloureuse, sauvage (Baudelaire, Michel Blanc, Cioran, Charlie Chaplin, Ensor, Goya, Serge Gainsbourg, Henri Virlojeux, Jean Vilar), ou non-émotive conduisant à la puissance, au pouvoir de l'esprit ou à l'âpre ambition (Krupp, Bismarck, Descartes, Napoléon III).

Plus complexes apparaissent l'*uranien*, pionnier original (Charlie Chaplin), le *neptunien*, sensible à un frisson nouveau (Verlaine) et le *plutonien*, livré à ses pulsions (Landru).

Pareil découpage ne peut être qu'approximatif: le type pur n'existe pas, la dominante étant l'expression d'une formule à laquelle participent plusieurs signatures. Ainsi Saturne se joint au Soleil chez Pierre Fresnay, à la flamme profonde étouffée, dont le jeu retenu dresse ses personnages dans une noblesse d'attitude digne de la statuaire, alors que c'est la Lune qui se joint à lui chez Marlon Brando, libérant son âme en feu dans des rôles qui font éclater les pulsions de la nature. Le même Soleil assisté de Mars fait le lyrisme épique de la violence du samouraï Toshiro Mifune, et on aperçoit très bien chez Charlie Chaplin, au cœur de son génie uranien, la composante saturnienne : le Charlot solitaire et mélancolique, clochard errant et malmené...

C'est ainsi que, de proche en proche, s'élabore une investigation de la personnalité de l'individu, reflétée par l'ensemble de la configuration de sa naissance.

PHYSIQUE

Les élans et les chutes

*

Morphologie

*

En abordant la morphologie zodiacale, nous ne cacherons pas que nous errons dans l'ignorance à peu près complète, aussi ne suivrons-nous assurément point les amateurs qui, dans certains cénacles parisiens où l'astrologie se porte comme une mode, s'exercent à découvrir le signe de naissance sur le visage.

Les rapprochements saisissants comme ceux qui existent entre le prototype idéal et le visage en action de certains champions de boxe sont rarissimes. Mais, à défaut d'une copie conforme, se dégagent diverses notations morphologiques, reconnaissables seulement dans l'analyse du cas particulier. Cela va de la simple tête bouclée de Charlie Chaplin, d'Omar Sharif, de Gian Maria Volonte, à la tête burinée, bossuée, à l'expression animale, violente ou sauvage de

Bismarck, de Van Gogh, en passant par un visage « marqué » qui tourne parfois au masque : Jean-Paul Belmondo, Marlon Brando, Jacques Brel, Serge Gainsbourg, Michel Simon, Spencer Tracy, Ugo Tognazzi...

Le type du Bélier dont la morphologie n'est pas trahie ou déformée par une signature planétaire ou zodiacale étrangère se reconnaît ordinairement à sa tête forte, massive, proéminente. Plus spécifique encore est le profil fortement convexe, un chanfrein busqué, une épine du nez très forte, tandis que l'extrémité de l'appendice nasal est écrasée, ce qui fait remonter la base des narines. La force de la tête est concentrée à la base du front, souvent proéminente. La nuque est large et l'encolure assez musclée. Le type général est maigre ou mince, souvent musclé.

Le morphologue de l'école française, le docteur A. Thooris, considère l'animal bélier comme un hypermâle. Cette constatation rejoint et confirme implicitement que le signe est sous la dépendance des planètes masculines : Mars, Soleil, Pluton et Uranus. Thooris insiste de son côté sur la tête « convexiligne » de l'animal ; la ligne des sourcils est assez relevée, en forme d'accent circonflexe, et le mouvement général représenté par le nez et la projection des deux ailes des sourcils dessine assez bien le symbole du signe (voir à cet égard le portrait que Manet a fait de Mallarmé). Or ce n'est pas sans intérêt que nous relevons une observation faite par le docteur Hermiane dans le cadre de son étude de prosopologie : la contraction du muscle frontal externe, qui relève le tracé du sourcil d'une façon caractéristique, exprime psychologiquement la sensibilité à la surprise, et par suite le goût de l'inattendu et de l'aventure. C'est précisément là, comme on sait, un trait spécifique du caractère Bélier.

Démarche

✶

On reconnaît bien la démarche du type Bélier dans la rue : qu'il soit ou non en retard, il est toujours pressé et s'en va d'un pas ferme, rapide et décidé. Beaucoup marchent la tête en avant, donnant l'impression de foncer droit devant eux avec la volonté de renverser tout obstacle. Il y a de l'irrésistible dans cet élan.

Sa poignée de main est ferme et rapide, volontaire, quelquefois même écrasante. Sa voix est impérative, au débit précipité ; elle sait se faire convaincante comme elle sait être accusatrice. Son œil convoiteur jette des éclairs perçants ; il domine une tête droite et haute, fièrement portée, presque provocante.

Son geste, vif et emporté, a quelque chose de noueux, de rude et de nerveux.

Le Bélier a un style particulier qui le signe même au volant de sa voiture. Il est facilement pris par la griserie de la vitesse. La route est pour lui une piste où les compétitions d'automobilistes occupent une place plus importante que le décor, le paysage et le but à rejoindre. Il n'aime pas être doublé, et rien ne l'énerve plus que les embouteillages.

Santé

✶

Le signe du Bélier correspond au pôle yin[1] des méridiens chinois, c'est donc l'antenne du système émetteur d'énergie dans l'organisme, commandant la musculature motrice et viscérale, la force.

S'il est nettement caractérisé, le type Bélier est assujetti au tempérament bilieux qui commande sa santé.

Du bilieux, il a la vitalité, le dynamisme, l'entrain et une certaine grâce primesautière à l'occasion, la force physique et une assez grande résistance à la fatigue. Son appareil

1. Principe de la métaphysique chinoise divisant les valeurs du monde en un couple – yin et yang – dans un rapport masculin-féminin.

musculaire développé s'entretient et s'amé-
liore par l'exercice, le fait vivre intensément
par ses muscles. Ses fonctions circulatoire et
respiratoire, assez amples, conviennent à une
grande dépense énergétique. Son métabolisme
basal a tendance à être élevé, les combustions
organiques étant parfois excessives par vitalité
fébrile. Souvent le natif du Bélier n'obtient le
sommeil qu'après une marche prolongée ou
un exercice assez intensif.

Quand il est malade, ses réactions physio-
logiques sont fortes et rapides, se traduisant par
des poussées intenses de fièvre et en général
des manifestations aiguës. Notons que ce méca-
nisme lui permet une assez bonne résistance
aux infections microbiennes. La zone de sensibilité est dans la tête et tout ce qu'elle compte
comme organes actifs : crâne, lobes cérébraux,
yeux, oreilles, dents.

Les désordres de santé arrivent un peu
comme des accidents dans la vie du natif. Il
faut ajouter qu'il est, par son imprudence habituelle (de la fanfaronnade au réel courage), plus
exposé aux accidents divers – et même aux
coups, qu'il sait encaisser – qu'aux maladies.
Il supporte mal l'idée de la maladie chez les
autres, et cependant se trouve lui-même souvent craintif devant la mort.

Les imprudences des natifs de ce signe
sont telles qu'ils ne prennent même pas le

temps de vivre ; ils ne ménagent pas leur organisme, qu'ils chauffent, d'excès en abus, à la
limite de ses possibilités. Beaucoup brûlent
la chandelle par les deux bouts, c'est pourquoi il leur arrive de connaître, après une
jeunesse désordonnée ou dissipée, un vieillis-
sement rapide qui trahit chez eux l'usure
latente. Ils sont en effet capables d'un effort
illimité, mais l'endurance peut ne pas être à la
hauteur de cet effort, et le choc en retour est
alors sévère.

Un pur Bélier a exprimé avec beaucoup
d'humour les conceptions du signe en ce qui
concerne la santé. Les ouvrages du docteur
Julien Besançon en sont l'expression. Selon lui,
les maladies imaginaires n'existent pas, mais
les maladies réelles ne sont pas dangereuses si
l'on s'y attaque avec conviction. Sa grande
maxime pour l'existence est caractéristique :
« Ne pas dételer ! ». Comment ne pas y voir ce
désir de prolonger le printemps, qu'il exprime
en détails dans tous les domaines, et surtout
dans celui de l'activité sexuelle ?

Nous ne reproduirons ici que quelques-
uns des titres de chapitre de son ouvrage, sans
avoir besoin d'en dire plus long pour illustrer
l'influence de son signe : « Qui transmettra le
flambeau ? » ; « Au coin du feu » ; « L'amour
vaincra » ; « Le feu sous la cendre » ; « Le bout de
la chandelle ».

Le docteur Besançon a été jusqu'à adopter une grande panacée qui lui paraît devoir guérir presque tout, et même protéger du cancer, le sulfate de quinine, le spécifique des manifestations fébriles.

La liste serait longue des hommes célèbres du Bélier dont les accidents ou les maladies relèvent directement du signe. Citons Landru, bilieux typique, maigre et consumé, hépatique caractérisé, Napoléon III, souvent fiévreux, syndrome entéro-hépato-rénal, Aristide Briand, qui ne mangeait pour ainsi dire plus et trompait son organisme en fumant constamment, Lénine, mort de congestion cérébrale, Baudelaire, mort de syphilis « cérébrale »

Pour les accidents, voici, entre autres, Tamerlan et Gambetta (perte d'un œil), Zola (mort asphyxié), Henri II (tué en duel d'un coup de lance à l'œil), Paul Doumer (assassiné), Albert Ier de Belgique (chute sur la tête).

Le Bélier
et les autres signes

✦

Les brèves formules qui définissent ici les rapports du natif du Bélier avec les natifs des autres signes n'ont que la valeur d'une indication de principe aidant à comprendre l'esprit des différences. Ces généralités ne sauraient naturellement rendre compte de tel ou tel rapport personnel, qui ne peut être vraiment révélé que par l'établissement et la comparaison des deux horoscopes.

Un Bélier et un Taureau n'ont pas de points communs et sont étrangers l'un à l'autre, mais ils peuvent se rendre grand service.

Un Bélier et un Gémeaux se découvrent vite des sympathies et se renouvellent constamment au contact l'un de l'autre.

Un Bélier et un Cancer sont aussi étrangers l'un à l'autre que le feu et l'eau ; l'un avance, l'autre recule ; l'un est dur, l'autre délicat. Entente difficile !

Un Bélier et un Lion conjuguent leurs dynamismes dans l'affirmation d'une volonté que l'un impose et que l'autre installe.

Un Bélier et un Vierge ont en général des dialogues de sourds ; ils ne peuvent se comprendre que sous la pression de la nécessité.

Un Bélier et un Balance ont deux natures antinomiques mais complémentaires ; ils peuvent se heurter, se choquer respectivement, mais s'attirer et former un couple aux couleurs tranchées.

Un Bélier et un Scorpion ne manquent pas de se heurter en affrontant leur propre agressivité, mais ils peuvent s'accorder dans une entreprise commune, un peu comme deux complices.

Un Bélier et un Sagittaire s'entendent bien, le premier étant pacifié par le second, et ce dernier dynamisé par le premier.

Un Bélier et un Capricorne, c'est la rencontre d'un chaud intense et d'un froid concentré ; le dialogue n'est pas aisé et le conflit est inévitable.

Un Bélier et un Verseau s'unissent pour aller vers l'avenir, et spécialement vers l'espoir.

Un Bélier et un Poissons ne présentent pas de points communs et peuvent difficilement s'entendre sur les grands problèmes.

Le couple Soleil-Ascendant

★

Nous connaissons notre signe solaire et nous pouvons connaître notre signe Ascendant. C'est la combinaison de ces deux signes qui, mis à part la position des planètes, individualise la formule psychologique de chacun et c'est d'elle que nous traçons ici un portrait.

Bélier-Taureau

Ascendant Bélier et Soleil Taureau
ou *Soleil Bélier et Ascendant Taureau*

Avec les deux premiers signes zodiacaux, la personnalité, assimilée à un puissant élan printanier, est animée d'un souffle de vie intense, pétrie de la chaude substance des grandes forces instinctives, gorgée de sève et de sang. Par cette riche incarnation « animale », la sensation devient le ressort principal de l'existence, source de volupté et de plaisir ; elle fait un être enchanté, pour qui tout dans ce monde est savoureux. Si cet instinct impérieux ne fait pas le jouisseur ou le passionné, il se convertit en volonté réalisatrice. Par son naturel, son vouloir vivre, sa robustesse, sa capacité massive de travail alliée à une force de conviction obstinée et à une aptitude à cogner dur, le sujet

—

a un dynamisme souvent irrésistible. Si le Bélier l'emporte, les colères sont fréquentes mais sans lendemain ; si c'est le Taureau, les colères sont rares mais terribles ; le sujet a une grande capacité d'endurance et une puissance tranquille rayonnante.

Lénine, D'Annunzio, Vlaminck, Giono, Serge Reggiani, Arletty, Simone Signoret.

Bélier-Gémeaux
Ascendant Bélier et Soleil Gémeaux
ou *Soleil Bélier et Ascendant Gémeaux*

Cette combinaison de signes printaniers caractérise un être dont l'intense animation porte les traits d'une nature juvénile, avec ses mille ardeurs, ses brefs enthousiasmes, sa disposition à se divertir de tout, à mêler le jeu au désir, à l'action, au combat. En conjuguant la primarité, qui les caractérise tous deux, elle donne une nature essentiellement vive et rapide, tout en mouvement, en promptitude, en variations d'humeur, l'être se prenant et se déprenant, passant d'un intérêt à un autre dans un défilé de successives aventures, fuyant la routine et la monotonie. L'intelligence est curieuse, à l'affût de tout, inventive et éloquente, donnant de l'esprit à l'improvisation ou ayant le goût des idées musclées. La sensibilité est pétillante, inégale, ravie puis oublieuse. Primesautier, le caractère, tout en à-propos, est éclectique. L'être est fait pour vivre un éternel présent, divers et varié, sans se retourner sur son passé ni songer à l'avenir. Si le Bélier l'emporte, la provocation de l'affrontement prédomine ; avec les Gémeaux, ce sont les distractions de la communication qui s'imposent.

Hervé Bazin, John Wayne, Jean-Claude Brialy, Gregory Peck, Jean-Paul Belmondo, Isadora Duncan, Jayne Mansfield.

Bélier-Cancer
Ascendant Bélier et Soleil Cancer
ou *Soleil Bélier et Ascendant Cancer*

Deux natures, aussi contrastées et contradictoires que le feu et l'eau, composent la personnalité : l'une bondit en avant, jaillit dans l'éclat de l'exploit et du risque, investit le monde à coups de boutoir, vivant de projets tendus vers l'avenir, et l'autre recule, se replie, se réfugiant en son for intérieur, nichée au creux de ses souvenirs. Une telle coexistence est vécue de diverses façons. Certains la ressentent comme une double personnalité menant deux existences parallèles : l'une d'action fiévreuse, tumultueusement extériorisée, l'autre rêveuse, retirée au calme d'un jardin secret. Plus souvent, il s'exerce une dualité qui se manifeste dans un chassé-croisé d'impulsion et de force d'inertie, d'extériorisation motrice bruyante et de silencieuse contemplation, d'emballements et de découragements, de désirs et de craintes, dans un entremêlement d'audaces et de frayeurs. De là découle un sentiment d'insécurité plus ou moins fortement ressenti. Les tensions entre la pulsion et la peur sont source d'hyperémotivité dramatisée, d'orages passionnels et de stress. Si le Bélier l'emporte, la vie est un éclatement libérateur de fantaisie et de fantasmes ; si c'est le Cancer, elle est tissu de rêves où se déploie l'aventure en chambre.

Goya, Van Gogh, Proust, Maïakovski, Jean Anouilh, Marcel Aymé, Isabelle Adjani, Fanny Ardant.

Bélier-Lion
Ascendant Bélier et Soleil Lion
ou *Soleil Bélier et Ascendant Lion*

L'union de ces deux signes s'opère essentiellement à travers l'élan vital et la coloration de l'élément feu. C'est un alliage d'instinct et de volonté, de vitalité et de maîtrise, de force et de conscience, qui peut forger un caractère d'acier trempé. Animé de pulsions puissantes et imbu de sa personne, l'être se dresse dans la vigueur et l'exaltation d'un moi indépendant et autoritaire, fier, droit, magnanime, dont la foi irradie une impression de force, d'enthousiasme, de grandeur ou de noblesse. Il tend d'ailleurs à s'enflammer pour des questions d'honneur ou de prestige, à rechercher actions d'éclat, exploits ou défis héroïques, qui peuvent finir par le dépasser. Si le Bélier l'emporte, c'est surtout l'aventure qui le tente, pour aller toujours plus loin, jusqu'au bout de ses possibilités ; si c'est le Lion, la force est contenue, au service du prestige et de la victoire.

Vidocq, Lannes, Davy Crockett, Bismarck, Toshiro Mifune, Caroline Murat, la princesse Margaret, Alice Sapritch.

Bélier-Vierge
Ascendant Bélier et Soleil Vierge
ou *Soleil Bélier et Ascendant Vierge*

La coexistence est bien problématique entre le premier signe, impulsif, aventureux, téméraire, et le sixième, inquiet, timoré, précautionneux, l'un qui pousse et s'emballe en assauts improvisés, tandis que l'autre, irrésolu, retient. Cela va à tel point que, le plus souvent, l'être offre une double nature, partagé entre la foi d'un naïf et le scepticisme d'un lucide, la conviction d'un passionné et le doute d'un critique, audaces et craintes se succédant sans fin. Un tel conflit intérieur rend le caractère susceptible et irritable, et se traduit par des malaises, une anxiété chargée de scrupules obsédants et de culpabilité. Le sujet trouve un apaisement en réalisant son besoin d'aventure individualiste ou en se construisant une organisation disciplinée et sécurisante. Il arrive aussi que l'accord se fasse de lui-même : l'incandescence du premier signe contribue alors à une levée des inhibitions, et le sujet, basculant du côté du type Vierge réactionnel (voir le livre de ce signe), trouve son souffle dans l'union de l'instinct et de l'esprit. Si le Bélier l'emporte, c'est le triomphe individualiste de la Vierge réactionnelle ; si c'est la Vierge, l'être subit les déchirements de sa guerre civile intérieure.

Ivan le Terrible, Charles Baudelaire, Alfred Jarry, Jacques Lacan, Jean Vilar, Edmonde Charles-Roux, Claudia Cardinale, Kate Millet, Claire Brétécher.

Bélier-Balance
Ascendant Bélier et Soleil Balance
ou *Soleil Bélier et Ascendant Balance*

Cette combinaison allie les valeurs prin-
tanières incandescentes et les valeurs autom-
nales apaisantes. L'être est habité par une
dualité qui peut lui faire vivre comme une
contradiction le passage d'un signe à l'autre,
avec des alternances d'excitation et de détente,
d'élan et de contrainte, de résolution et d'hési-
tation, de brutalité et de douceur, d'intran-
sigeance et de conciliation, mais le balancier
intérieur tend à se rapprocher d'une juste
mesure équilibrante. Si le Bélier l'emporte,
l'excessif prédomine, avec ses vérités premières,
ses arêtes et ses angles aigus, ses coups de
balancier ; si c'est la Balance, la modération pré-
vaut, avec le calme, l'harmonie, les nuances et
les demi-tons.

Lamartine, Eisenhower, William Holden,
Daniel Cohn-Bendit, Peter Brook, Omar Sharif,
John Lennon, Michel Blanc.

Bélier-Scorpion
Ascendant Bélier et Soleil Scorpion
ou *Soleil Bélier et Ascendant Scorpion*

C'est Mars qui préside à l'entente de ces
deux signes sur un terrain d'agressivité et
d'individualisme farouche. Le caractère est
entier, indiscipliné, peu influençable, réfractaire à toute contrainte, aimant déplaire et
être craint, et au surplus abrupt dans ses attractions et ses répulsions, fixe dans ses résolutions,
implacable dans sa volonté, critique dans ses
jugements, violent dans ses manifestations. Ses
passions sont exclusives, dangereuses, et son
hostilité redoutable. C'est un rebelle qui se
révèle dans la révolte. En cas de conflit intérieur,
cette violence peut se bloquer dans une tension
nerveuse qui pousse l'être à se lancer de dangereux défis plus ou moins autodestructeurs.
Si le Bélier l'emporte, l'agressivité, tout en
lumière, est plus spectaculaire sous sa forme
impulsive et désordonnée ; si c'est le Scorpion,
cette agressivité est dans l'ombre, plus tendue,
plus subversive.

Gambetta, Zola, Malraux, Richard Burton,
Charles Bronson, Mistinguett, Bette Davis,
Marie-Christine Barrault.

Bélier-Sagittaire
Ascendant Bélier et Soleil Sagittaire
ou *Soleil Bélier et Ascendant Sagittaire*

L'association de ces deux signes est comme un pont jeté entre la rive de l'instinct – départ de l'élan vital – et celle de l'idéal – aboutissement du spirituel –, où circule l'énergie de l'élément feu, de son transport viscéral à sa transfiguration morale. Sur ce parcours se dépense un tempérament intense, spontané, ouvert, généreux, ardent à défendre la noble cause. Porté par des aspirations supérieures, l'être rayonne d'une puissance de conviction, d'une foi de missionnaire. Une telle exaltation se prête à la réalisation d'actions chevaleresques ou d'entreprises audacieuses : combat héroïque, conquête d'un sommet... Si le Bélier l'emporte, l'être a plus de chaleur, et son goût des sensations fortes le pousse à l'aventure ; si c'est le Sagittaire, il a plus de lumière, et sa soif de grandeur le porte vers le large.

Arthur Honegger, Maurice Genevoix, Willy Brandt, Kirk Douglas, Marlon Brando, Jean-Pierre Marielle, la Belle Otero, la Pasionaria, Gloria Swanson.

Bélier-Capricorne
Ascendant Bélier et Soleil Capricorne
ou Soleil Bélier et Ascendant Capricorne

Avec ces deux signes se dresse l'antinomie radicale du chaud et du froid, du brûlant expansif et du glacé contracté, dualité intérieure flagrante qui juxtapose un personnage printanier instinctif, impulsif, tumultueux, tout en éclatement passionnel, à une nature hivernale profonde, silencieuse, retenue, méditative, dépouillée, tout en puissance concentrée de l'esprit et de la volonté. Ces deux tendances peuvent s'unir en donnant un rude tempérament, un caractère coriace, fait pour affronter les plus dures difficultés. Elles peuvent aussi se traduire en inadaptation, en raideur, en excès, en radicalisme, en fanatisme. Si le Bélier l'emporte, la pulsion prime et, avec elle, le risque-tout de l'aventure ; si c'est le Capricorne, domine la force statique du sang-froid.

Savonarole, Napoléon III, Charles Maurras, Paul Doumer, Mallarmé, Audiberti, Henri Miller, Pierre Fresnay, Roland Petit, Jean-Marc Reiser.

Bélier-Verseau
Ascendant Bélier et Soleil Verseau
ou *Soleil Bélier et Ascendant Verseau*

De l'alliance de ces deux signes – alliance d'une foi naïve et d'un idéal utopique – jaillit un élan vital porté à l'aventure. Besoin d'indépendance et amour de la liberté poussent l'être sur les chemins de la fantaisie. Son enthousiasme peut l'emporter à grands coups d'ailes vers les réalisations d'un esprit hardi, inventif, enflammé par des idées nouvelles, passionné par l'inédit. Il peut aussi être un original, un expérimentateur d'avant-garde ou un progressiste acquis à quelque cause désintéressée, plus ou moins révolutionnaire. Le traintrain, l'assiduité, la routine lui pèsent ; il lui faut s'évader sans cesse, comme s'il répondait à l'irrésistible appel d'un ailleurs. Si le Bélier l'emporte, l'instinct domine l'âme ; si c'est le Verseau, l'ange commande à la bête.

Gassendi, André Breton, Richard Anconina, Jacques Brel, Jean Richard, Mary Pickford, Lucia Bose.

Bélier-Poissons
Ascendant Bélier et Soleil Poissons
ou *Soleil Bélier et Ascendant Poissons*

C'est la cohabitation malaisée d'un signe de feu et d'un signe d'eau ; l'un est net et carré, d'un seul tenant, fusant avec éclat, l'autre est flou et vaporeux, diapré et diffus, tout en subtilités et en nuances impressionnistes. De là ressort une nature énigmatique, entre l'exaltation et la démobilisation, les assauts provocateurs et la vulnérabilité de l'insécurité, la conviction et la confusion. Ces deux mondes peuvent se rejoindre dans l'affirmation d'une foi, d'un idéal humanitaire, peut-être illusoire et utopique, mais exutoire nécessaire à l'épanouissement d'une âme fervente. Si le Bélier l'emporte, l'être tente de réaliser sa passion, jusqu'à s'épuiser parfois dans la poursuite d'une chimère ; si les Poissons dominent, il se contente de rêver son aventure ou s'épanouit dans le monde de l'ineffable, de l'inaccessible, de l'étrange, du mystère.

Einstein, Bernanos, Maurice Ronet, Briand, Mallarmé, Serge Gainsbourg, Juliette Drouet, Giulietta Masina, Violette Leduc, Marguerite Duras.

PARAÎTRE

Le coup de foudre

★

Dans ses rapports avec les dieux de l'amour, le Bélier a une position caractéristique. En effet, on sait que, symbolisant le feu des premiers éclats du printemps, il est régi par Mars, l'astre des ardeurs et des combats. Or, s'il est la demeure de Mars, Vénus s'y trouve en revanche en débilité extrême, en exil. C'est dire que, si l'impulsion passionnelle s'y donne libre cours et s'y installe comme chez elle, le sentiment tendre, lui, ne s'y sent pas à l'aise et constitue le pôle de vulnérabilité, disons même d'infériorité, de ce signe. Dans l'axe des valeurs amoureuses Mars-Vénus, il y a donc suprématie du désir sur le sentiment, de la passion sur la tendresse, et c'est ce qui constitue la marque affective principale de ce signe.

De tous les types, il est certainement l'amoureux le plus spontané, le plus emballé. En son cœur bouillonne une énergie éruptive, effervescente, qui exprime avant tout le jaillissement ou l'explosion libre de la passion. Cet être se donne totalement, réagit totalement aux appels amoureux et obéit totalement aux incitations de sa nature, mais, sous les dehors de la vigueur et de la virilité, son âme garde un côté enfantin et ingénu.

L'amour, pour lui, c'est une belle aventure qui le fascine et le gagne entièrement ; c'est aussi une épreuve sportive où il doit jeter tous ses feux. Ce qu'il connaît plus que personne, c'est le coup de foudre. Le voilà aussitôt lancé dans un tourbillon de rêves, de désirs, d'aspirations, et il n'aura de cesse qu'il n'ait épuisé le feu dévorant de sa passion ardente. Sa sensibilité est naturellement abrupte, avec des pulsations de haute fréquence, un épanchement débordant et un attachement capable de violence autant que d'actions d'éclat. Grande est sa force de séduction, car il a l'âme d'un conquérant, et son élan a de l'allure.

L'homme

★

Il n'est pas sans rappeler les rapports primitifs de la soumission de la femme à ses fins sexuelles, « la femelle au soldat, récompense du vainqueur ». Si son évolution psychologique demeure sommaire, il reste en lui quelque chose de ce lointain rapport de forces, que l'on voit s'exprimer par un certain côté « coq » ou macho, avec la naïveté d'un pseudo-sentiment de supériorité accompagné d'un besoin de domination qui, non satisfait, appelle des réactions de susceptibilité. À un niveau plus spiri-

tualisé, il veut être pour la femme une sorte de
héros ; il entend qu'elle lui donne l'occasion, de
temps en temps, d'une grande action, d'un fait
éclatant. Il l'aimera d'autant plus qu'il se sentira
noble à ses yeux. Du reste, toute perte de prestige est la suprême injure qu'il lui soit donné de
ressentir. S'il n'arrive pas à se faire admirer, c'est
alors qu'il est tenté de se faire craindre, car il faut
qu'il domine.

Un tel compagnon a besoin qu'on lui donne
de l'importance, qu'on le mette en avant, qu'on
lui prouve qu'il est quelqu'un, ou qu'il peut le
devenir. Il aime les occasions de se montrer
viril, afin de garder l'impression de conquérir, de
conduire et de dominer sa partenaire. Son rêve
est qu'elle soit son disciple dans le domaine où
il brille. Ce qu'il redoute le plus, c'est qu'elle
l'arrête lorsqu'il s'élance vers un but. L'ennemi
mortel de sa vie conjugale, c'est l'ennui ; la
monotonie et le silence lui sont insupportables.

La femme

★

Elle tend également à soumettre l'amour à
un rapport de forces. Si elle ne le renie pas pour
s'adonner aux âpres joies de la lutte, elle se pose
le dilemme suivant : entrer en concurrence avec
l'homme ou coopérer avec lui. Au fond d'elle-

même, elle est la femme insoumise et, dans le couple, elle entend dominer. Elle y parvient sans difficulté si son choix amoureux se porte sur un homme faible, qui obéira sans mal. Elle ne se soumet que si elle juge son compagnon réellement supérieur, en force, en grandeur.

Si la Lune – symbole féminin – est dans le Bélier, et à plus forte raison si elle est en même temps en aspect de Mars, nous avons le type même de la femme au complexe de virilité (Simone de Beauvoir, George Sand). Dans la mythologie, le prototype de cette âme féminine virile et intellectuelle est Athéna (Minerve), sortie casquée de la tête même de Zeus (Jupiter), son père, déesse guerrière, protectrice des héros et chaste (castratrice).

La femme du Bélier connaît des bouffées de passion qui demandent à être satisfaites sur-le-champ. Elle a des exigences qu'elle ne commande pas elle-même. L'homme est tenu de les satisfaire, sinon il peut vite être déconsidéré. Quand elle aime, rien ne l'arrête, et celui qu'elle aime est le plus beau, le plus grand, le meilleur des hommes... Elle est la maîtresse merveilleuse dont on peut excuser les excès : ils passent vite.

Il est un cap difficile pour le Bélier des deux sexes : c'est la crise de l'adolescence. La jeune fille peut devenir une allumeuse. Pour elle, c'est un jeu sans portée car elle se sent en sécurité, comme protégée par la conscience d'une indifférence organique, mais son jeu est provocant, et peut finir par être pris au sérieux.

Chez le Bélier dissonant, il est à craindre que ces aberrations, naturelles à l'adolescence et seulement plus aiguës chez notre type, empiètent largement sur l'âge adulte, d'où un certain donjuanisme (Casanova, Ninon de Lenclos). Pour lui, du reste, le coup de foudre n'a pas d'âge, c'est pourquoi l'infidélité est une épée de Damoclès suspendue sur son ménage, qui vit dans l'insécurité, à la merci d'orages passionnels. Il suffit d'un coup de tête, et le foyer est abandonné, le ménage brisé, le divorce consommé. C'est le règne de l'amour-combat. L'amour a d'autant plus de prix et de saveur qu'il fait ployer le genou à un adversaire, mais ce jeu conduit à aimer dans la lutte, dans la querelle, dans la dispute.

Chez le type harmonique, la vie conjugale peut parfaitement être heureuse. On aidera le compagnon ou la compagne du Bélier en lui révélant les obstacles que son impétuosité naturelle ignore, en freinant ses impulsions, parfois dangereuses, en dirigeant plutôt son énergie sans troubler son enthousiasme, en le modérant tout en ayant l'air de lui donner raison, en l'aidant à patienter afin qu'il ne prenne pas de décision irréfléchie, en affermissant son pouvoir de stabilisation et de réalisation.

Le travail

✴

L'orientation professionnelle ne pose d'ordinaire aucun problème au jeune Bélier. De bonne heure, il manifeste ses préférences, car il se sent appelé par une carrière qui l'attire, qu'elle lui convienne ou non.

Il se sent trop musculaire pour ne pas aller vers une profession où il puisse se dépenser et donner toute la mesure de sa pression motrice. Son tempérament lui commande donc de choisir un travail qui ne soit pas sédentaire, et même une activité qui implique des exercices physiques. Il lui faut, avant tout, une activité qui stimule son besoin de nouveauté, c'est-à-dire un travail polyvalent, varié ou itinérant.

Bien entendu, il sera plus encore à son affaire si sa profession lui donne l'occasion d'affronter quelque danger, de réaliser quelque prouesse, d'accomplir quelque exploit, de satisfaire des sensations fortes. Un métier est beau, à ses yeux, s'il est une aventure.

Il n'est pas non plus étonnant qu'il veuille se lancer dans une corporation nouvellement créée, où les praticiens sont encore en nombre limité et les débouchés à peine discernables. C'est le Bélier qui se rue sur les professions d'avant-garde et qui prend la première place ; il est à sa manière un guide, sinon un exemple.

—

Incontestablement, le Bélier est un type agressif; le métier qu'il choisit est en général une occasion d'affirmer sa violence intérieure, de s'affronter agressivement avec les objets, les choses, les gens ou les phénomènes de la vie.

Pour l'astrologue, ce qui compte, ce n'est pas tant l'étiquette professionnelle que le rôle joué au sein du métier, or le Bélier a besoin de jouer un rôle dans la ligne générale de l'animateur, de l'entraîneur, du conducteur, de l'éclaireur, du précurseur, du rénovateur, du chef... Pourvu qu'on le considère comme tel, il tiendra sa place avec le sentiment (indispensable) d'être dans son élément.

De tous les types, le Bélier est certainement celui qui a le moins de difficulté à embrayer. À cet égard, il est stupéfiant. Mais son rythme d'action est fort inégal. Il est l'être des coups de collier. Il mord sur la besogne, l'entreprend et la mène rondement, parfois dans une accélération fiévreuse. Son activité est davantage inspirée par l'intuition, par l'occasion qui se présente, que conçue en fonction d'un plan réellement méthodique. Cela n'est pas pour satisfaire à l'esprit d'équipe. Et pourtant, le Bélier n'a pas le goût du travail solitaire; il a besoin de coopération, mais se situe assez comme un travailleur en marge de la communauté. À voir progresser les autres, il se trouve entraîné comme malgré lui et cherche à prendre de l'avance sur eux. Ce n'est pas à lui qu'il faut confier les détails d'une opération ; il n'en a ni le goût ni le soin ; il préfère les gros plans de l'action, où ça bouge...

Avec ses supérieurs, il n'est pas des plus disciplinés et se montre quelquefois désinvolte, à plus forte raison s'il est bridé ; dès lors, il montrera son esprit frondeur et fera sûrement un meneur. Si en revanche il se sent bien encadré par des chefs qui l'estiment et qu'il révère, il est capable d'un zèle étonnant.

À l'égard de ses égaux, il est direct, assez scout, rapidement familier, parfois même bousculeur et d'une franchise brutale, souvent autoritaire.

Il n'entend pas que ses inférieurs lui désobéissent ; il veut même que l'on marche droit sous sa coupe. Il est à craindre que des injustices soient commises dans son service en raison de ses sympathies et de ses antipathies, le plus souvent irraisonnées.

Pour que son rendement soit le meilleur possible, on doit lui laisser une certaine marge de liberté, une possibilité d'initiative personnelle ; il convient aussi de ne pas blesser son amour-propre.

Les finances

★

S'il est impossible de faire une évaluation de la fortune d'un type zodiacal, il est du moins permis de définir une attitude commune à l'égard de l'argent.

Pour le type Bélier, cette attitude est très instinctive. Primaire, spontané, il résiste difficilement au plaisir de s'offrir les objets qui le tentent. Il ne sait pas faire d'économies, tout au plus en vue d'un gros achat, et encore lui arrive-t-il de ne pouvoir attendre, d'abandonner son projet à réalisation trop lointaine pour une acquisition moindre et plus rapide. Cette prodigalité est typique chez le jeune Bélier. On pense à Baudelaire, qui dilapida son héritage familial en quelques semaines, et à bien d'autres représentants significatifs de ce signe. Une fortune mise entre ses mains est liquidée dans les plus brefs délais. Il faut renouveler ses possessions, changer de voiture, de mobilier, offrir des cadeaux, faire le généreux... Et puis, il y a ce vertige que communique la dépense en cascade de grosses sommes ; comment y résister ?

Ne lui retirons cependant pas ses chances : elles existent, pour peu que le premier signe zodiacal coopère avec un autre symbole astral, celui-là solidement organisateur ; alors, l'envergure du Bélier s'affirme suivant sa propre for-

———

mule : « Qui ne risque rien n'a rien ». Le magnat John Pierpont Morgan (Soleil, Mercure, Vénus en Bélier), qui trusta l'acier et fonda une des plus importantes banques d'affaires du monde, en est un exemple significatif.

La chance du Bélier est incontestablement dans le gain hors série, dans l'affaire soudainement venue et qu'on mène rondement, mais c'est le genre d'opération qui comporte de gros risques et a autant de chances de réussir que de rater. S'il insiste trop en matière de jeu, de loterie ou de spéculation et qu'il n'a pas de résultats, il convient de le décourager au plus vite.

EXISTER

Quand l'histoire est
sous le signe du Bélier

★

Une seule planète lente – Uranus – est passée en Bélier au cours du XXᵉ siècle, entre 1927 et 1935. Et elles sont vraiment «Bélier», ces années trente, comme marquées au fer rouge, dans l'accouplement du feu animal, primitif et sauvage, du signe et du feu prométhéen de l'astre : l'éclatement des «années folles» !

C'est l'époque de la fureur de vivre, dans un monde où l'on passe tambour battant du boom économique le plus fantastique au plus fracassant krach boursier. En un rien, une succession de coups de gong, des fortunes se font et se défont ; c'est à peine si on a le temps de passer des vertiges de l'ascension aux paniques de l'effondrement, l'insolence de la richesse conduisant à la soupe populaire et aux suicides en série.

Le *Modern Style*, l'art nègre, les dancings, les belles bagnoles... Nous sommes au triomphe du jazz le plus endiablé et du frénétique charleston, tandis que la garçonne descend dans la rue.

Adieu la mode des femmes potelées qui faisaient le charme de la Belle Époque. La femme moderne est svelte, à la poitrine d'éphèbe, et incline vers une mode sportive libérée des entraves vestimentaires : démarche vive dans un monde de vitesse, teint hâlé, cheveux courts ; la tenue favorite est le blazer ou le sweater, assorti d'une jupe plissée. À l'automne 1927, pour la première fois, les genoux se découvrent, avec la permission de la bonne société. Quelques années plus tard, Coco Chanel porte le pantalon, et les femmes fortunées la suivent, en attendant que les autres y viennent.

Le génie du temps est celui des cerveaux brûlés qu'excite la provocation du danger, des généreux champions de causes perdues parce que prématurées, ou des défricheurs de l'inconnu, comme l'Américain Charles Lindbergh, qui fait en solitaire la première traversée aérienne de l'Atlantique. Il n'y a pas de milieu entre le triomphe délirant et la culbute ou l'écrasement. La vie en ce monde est une folle aventure, qui sent la poudre et évoque tout à la fois la roulette russe, le ring, le sprint, le poker, le gag. Ce sont les natifs de cette génération qui feront les premiers cascadeurs.

Sous l'impulsion de l'architecte Bélier Mies Van der Rohe, les États-Unis se couvrent de buildings et de gratte-ciel qui dressent leurs ossatures de fer et de verre, tandis que le mobilier métallique à piétement tubulaire fait son apparition.

Dans les studios hollywoodiens, le cinéma renaît en 1927 avec le passage du muet au parlant. En outre, Uranus en Bélier y inspire des personnages qui sont de véritables archétypes du signe.

Le seul qui soit vraiment innocent est Popeye, ce marin borgne, sommaire et brut, avant-bras tatoué et biceps explosif au direct irrésistible après une rasade d'épinards. Quant aux autres, ils préfigurent symboliquement la montée du monstre dans la société mondiale, la barbarie nazie au pouvoir en Allemagne. C'est l'apparition de Frankenstein. Ici, Prométhée se mue en apprenti sorcier en engendrant ce monstre inquiétant dont l'extravagance fait écho à la sauvagerie de la machine infernale des *Temps modernes* engloutissant Charlot en ses engrenages géants. C'est aussi King Kong, le surgissement de la bête primitive au cœur de la cité, le rapt de ce gorille épluchant, au lieu suprêmement prométhéen d'un sommet de gratte-ciel, les vêtements d'une délicieuse jeune femme prisonnière dans la paume de sa main.

C'est encore la sortie de *Scarface* (« le balafré »), qui lance au cinéma le film de gangsters. Dans le même temps, du cauchemar de l'Amérique de ces années trente naît le roman noir. Fini l'élégant roman policier anglais où d'aimables aristocrates et de charmantes vieilles dames s'évertuent à dévoiler le tueur parmi eux. Le polar sort le crime du salon ou de la gentilhommière pour le lâcher dans la rue, dans la ville, le « privé » arpentant l'asphalte et s'exposant à la jungle d'une société corrompue par la pègre.

Les Conquérants, La Condition humaine, Vol de nuit... Ce n'est pas non plus un hasard si tout un courant des lettres de cette époque de montée des périls est celui d'une littérature engagée d'hommes d'action s'entraînant aux exercices spirituels du courage et du risque, puisant leur œuvre d'une vie emportée sur les chemins du combat. « Un homme est la somme de ses actes, de ce qu'il a fait, de ce qu'il peut faire », lance comme un défi André Malraux dans *La Condition humaine*.

Petit dictionnaire des gens du Bélier

★

On l'a dit, la présence du Soleil en Bélier – facteur commun à tous ces personnages – n'est qu'un indice parmi la combinaison de facteurs (Soleil, planètes, Ascendant) qui individualisent le ciel natal de chacun d'eux. La seule présence solaire est donc insuffisante pour leur imprimer un caractère commun immédiatement perceptible, d'où la diversité des figures humaines que nous allons rencontrer. Une étude plus approfondie permettrait toutefois de dégager un certain « air de famille ».

Le panthéon des natifs du Bélier reproduit en grand nombre le type même du **self-mademan** parti de rien, heureux surtout de ne rien devoir à personne si ce n'est à lui-même et de s'être dressé seul à la pointe de son aventure. Ce type donne des d'Artagnan tonitruants et mirobolants, toujours prêts à se dépenser sans mesure, joyeux drilles au franc-parler dont le pouls bat vite et fort, donnant de l'éperon pour sauter l'obstacle, ou encore partisans exaltés du chemin le plus court et de la balle à bout portant.

Il donne également les **aventuriers** bousculeurs d'habitudes, les chercheurs d'or et les

—

pionniers : Casanova (« l'aventure pour l'aventure », « une vie qui flambe ») ; Houdini l'illusionniste et Nadar, aérostier et photographe de la première heure. C'est l'époque héroïque de la conquête du ciel : François Pilâtre de Rozier, la première ascension humaine en montgolfière ; Jean-Marie Le Bris, le premier vol en planeur ; Clément Ader, le premier décollage de la terre d'un avion à ailes d'oiseau ; Wilbur Wright, le premier aéroplane au-dessus de nos têtes ; Charles Voisin, la première usine d'aviation ; Maurice Farman, la promotion du tourisme aérien.

Naturellement, ce signe compte sa part de **conquistadores**, bâtisseurs de grandes fortunes et capitaines d'industrie. Parmi les réussites spectaculaires de l'envol capitaliste du XIXe siècle, on retrouve les magnats de la métallurgie : Eugène Schneider, créateur des forges du Creusot ; Alfred Krupp, obsédé des armes à feu, devenant le roi mondial du canon grâce à son complexe sidérurgique de la Ruhr ; John Pierpont Morgan, le trust des aciéries américaines ; Andrew William Mellon, le trust américain de l'aluminium.

Parmi les autres grands patrons du XXe siècle, citons : sir Henry Deterding, l'empire du pétrole ; Walter Chrysler, l'âge d'or de l'automobile ; Marcel Boussac, l'industrie textile française.

Chez les militaires, le Bélier fait naturelle-ment le **soldat de l'attaque**, de l'assaut, tout en puissance de charge. Napoléon le Lion savait qu'une bataille engagée avec ses deux maré-chaux Bélier, Jean Lannes et Joachim Murat, à l'avant-garde de sa grande armée était gagnée d'avance.

Avec les hommes d'État s'imposent des **bâtisseurs** : Charlemagne, fondateur de l'em-pire d'Occident ; Maximilien Ier, fondateur de la puissance des Habsbourg ; Thomas Jeffer-son, fondateur de la démocratie américaine ; Guillaume Ier, fondateur de l'empire allemand ; Otto von Bismarck, « chancelier de fer », fon-dateur de l'État moderne ; Jules Ferry, fonda-teur de l'empire colonial de la IIIe République ; Alcide De Gasperi, fondateur de la République italienne. Quand ils ne bâtissent pas, ils com-battent : Albert Ier de Belgique, « roi-chevalier » de la guerre de 14-18 ; Napoléon III, conspira-teur, démolisseur de la IIe République ; Léon Gambetta (le borgne) et Adolphe Thiers, démo-lisseurs du Second Empire (le second, au sur-plus, fossoyeur de la Commune de Paris) ; Léon Blum et le coup de boutoir du Front populaire ; l'enragé flamboyant Daniel Cohn-Bendit des barricades de Mai 68.

On trouve aussi chez les Béliers des **jus-qu'au-boutistes** de la politique : Erich Luden-

—

dorff, général revanchard et émeutier ; Charles Maurras, l'activiste monarchiste des tumultueux camelots du roi ; Robert Brasillach, l'exaltation d'un lyrisme fasciste absolu.

Le **savant** Bélier contribue à fonder des savoirs nouveaux : Wilhelm Roentgen ouvrant l'ère de la radiologie ; Samuel Hahnemann instituant l'homéopathie ; Arnold Toynbee traçant la voie de l'historiologie ; Wernher von Braun, pionnier de la conquête de l'espace.

Le **philosophe** Bélier, lui, est à l'origine de valeurs nouvelles. Avec le rationalisme, René Descartes est le fondateur d'une véritable dynastie de l'esprit : « Pour atteindre à la vérité, il faut, une fois dans sa vie, se défaire de toutes les opinions que l'on a reçues, et reconstruire de nouveau et dès le fondement les systèmes de ses connaissances. » Thomas Hobbes, quant à lui, exprime une pensée sur l'homme qui lui vient de son signe : l'homme est un animal sauvage ; seul le droit du plus fort peut imposer la paix à tous pour empêcher chacun de nuire à l'autre, justifiant ainsi le pouvoir absolu du prince.

Partant des mêmes constatations, voici le **contestataire** Wilhelm Reich, en qui une certaine jeunesse révoltée de 1968 – année où Saturne traverse le Bélier – s'est reconnue car il

ressuscitait un rêve de vie. Un Bélier n'est bien
dans sa peau que s'il se sent libre dans son état
de nature, allergique qu'il est à toute coer-
cition, à tout frein ressenti à l'encontre de son
élan vital. Avec un Soleil au carré de Mars en
Cancer, Wilhelm Reich apparaît comme le
représentant de la révolte contre la famille et
les cellules familiales ultérieures à la psycha-
nalyse, et au marxisme, débouchant finalement sur le manifeste d'un retour à une vie
primaire, libérée de toute entrave sociale,
condition de l'épanouissement sauvage de
l'éros. Il est subtilement rejoint par cet autre
psychanalyste du signe, Jacques Lacan : « Je
pense où je ne suis pas, donc je suis où je ne
pense pas. » C'est là d'ailleurs une vision psychologique éclairante des artistes du type
Bélier, qui soit exaltent une animalité décon-
tractée, soit sont plus ou moins ravagés de
façon névrotique par leur démon intérieur. On
y sent la présence d'un faune, ce ça freudien
livré à lui-même ou bridé, ressenti comme une
montée de température enivrante ou comme
une fièvre tournant à la frilosité.

À la sortie du ventre de la mère, la vie commence par un cri, manifestation spécifique-
ment Bélier. C'est aussi par le cri que passe
l'expression de l'art du signe : qu'il s'agisse du
goût du scandale, de l'outrance, de la perversité,

du primitif, de la terreur, de l'horreur (l'attrait pour la bête ou le monstre) ou de toute autre émotion viscérale de l'artiste, enfant terrible iconoclaste ou dévoré par sa propre flamme.

Dans les lettres, s'il n'est pas un **auteur engagé** (Émile Zola, Maxime Gorki), ce réfractaire à toute contrainte libère son tourment en un individualisme qui l'assimile au **poète maudit** : Algernon Swinburne, Charles Baudelaire, Paul Verlaine, Henrik Ibsen, Tennessee Williams, Tristan Tzara. Mais si son féroce appétit de vivre est bloqué, notre Bélier inhibé introverti n'est plus qu'un **inadapté** prisonnier de sa crise intérieure et de son malaise de vivre : Alfred de Vigny, douloureux poète ; Nicolas Gogol, en proie à son propre secret ; Robert Frost, nostalgique de la vie naturelle ; Henry James qui, faute de pouvoir vivre la passion pour son compte, en dévoile les ravages chez autrui ; William Wordsworth qui, avec un duo Bélier-Cancer par carré Soleil-Saturne, bascule de l'exaltation d'un Parisien sous la Révolution française à la fuite dans un conservatisme réactionnaire.

En **peinture**, le signe n'est évident qu'incidemment chez Raphaël, dans le thème du héros, chevalier vainqueur du monstre ou saint terrassant le dragon, et chez Anton Van Dyck, qui met une fougue, une vivacité de facture et une prestesse de tons au service du portrait mondain. Chez la plupart des peintres, le tempérament feu de l'**expressionnisme** l'emporte, qu'il soit un hymne à la vie dans les toiles fougueuses du pétulant Jean-Honoré Fragonard ou qu'il exalte un être intérieur complexe et tourmenté, conduisant souvent au génie méconnu et bafoué : Goya et le monde de ses cauchemars ; James Ensor, insolite, truculent et fantastique jusqu'à la dérision de l'humain ; Vincent Van Gogh l'incendiaire ; Maurice Vlaminck, le plus fauve de tous les fauves ; Juan Gris, cubiste intégral ; Gino Severini, le plus spécifique futuriste, avec sa « tourbillonnante vie d'acier, d'orgueil, de fièvre et de vitesse » ; Max Ernst, surréaliste germanique en révolte intégrale ; Victor Vasarely, l'aventure de « l'art optique » ; un peu à part, le neptunien Gustave Moreau, visionnaire franc-tireur et précurseur du symbolisme avec son monde de licornes et de chimères.

La composante Bélier passe inaperçue dans le « produit de haute synthèse » qu'est Jean-Sébastien Bach ; c'est pourtant en partie au puissant Soleil de ce signe que le géant doit sa passion, sa foi robuste et sa vigueur créatrice. La même **vitalité musicale** s'observe dans les musiques de l'inépuisable Georg Philipp Telemann comme dans les innombrables symphonies de Joseph Haydn ou dans le sang nouveau qui jaillit de la musique de Modest Moussorgski, pur instinctif du son à l'émotion sauvage, finissant en musicien maudit, ou encore dans l'énergie autoritaire de Vincent d'Indy. Bélier aussi, Béla Bartók, qui se fait scandaleusement connaître du public en caricaturant l'hymne autrichien dans sa *Symphonie Kossuth*. Toutes ces musiques sont intensifiées par la ferveur de chefs d'orchestre du signe, comme Arturo Toscanini, Herbert von Karajan ou Pierre Boulez.

Dans le spectacle, surtout dirigé par des **réalisateurs** du signe comme Peter Brook, Francis Ford Coppola, Roger Corman, Emilio Fernandez, Akira Kurosawa et Nagisa Oshima, beaucoup de comédiens Bélier sont des athlètes au **physique vigoureux** et au ton viril, taillés pour l'aventure et les performances spectaculaires : Jean-Paul Belmondo, Marlon Brando, James Caan, Sterling Hayden, William Holden, Walter Huston, Steve McQueen, Gregory Peck, Spencer Tracy, Toshiro Mifune le dur...

Cette présence animale porteuse de violence ou de passion débouche souvent sur une révolte plus ou moins insolente. Ce sont les « enfants terribles » du **cynisme**, provocateurs jusqu'à la turpitude : Charlie Chaplin-Charlot, excentrique acrobate persifleur ; Michel Simon, le faune bouffon, affreux jojo irrespectueux ;

Alec Guinness, à la drôlerie désinvolte ; Peter Ustinov, ogre à l'affabilité bien peu rassurante ; Jean-Paul Belmondo, le flambeur au culot impertinent, né le même jour que Gian Maria Volonte, fait à l'inverse pour des rôles très engagés ; Maurice Ronet le viveur ; Jacques Brel l'acide ; Serge Gainsbourg l'antiesthète ; Thierry Le Luron le frondeur.

On trouve enfin, dans le monde du spectacle, de fortes personnalités passionnelles : Harry Baur, Jean Vilar, Ugo Tognazzi, expressionniste jusqu'au masque, Nino Manfredi...

Nous retrouvons ce registre de tendances dans l'**univers féminin**. Parmi les femmes qui ont le plus fait parler d'elles, on trouve des aventurières qui ne manquent pas de **noblesse** : Flora Tristan, initiatrice du féminisme en France, luttant pour le divorce et l'amour libre, ouvrant aussi la voie à un socialisme international ; la Castiglione, femme de tête qui se taille une réputation assez tapageuse d'héroïne amoureuse au service de la cause italienne.

Viennent aussi en première position les **grandes amoureuses**, dont les brûlantes passions sont une autre forme d'aventure : Adrienne Lecouvreur, dévorée par son amour pour Maurice de Saxe ; Maria Malibran et sa

—

passion pour Eugène Malibran ; Juliette Drouet, dont la devise est « tout ou rien », le « tout » étant une passion transfiguratrice pour Victor Hugo, dont la flamme ne s'éteindra qu'avec sa vie, après un demi-siècle de pauvreté, d'esclavage et de servitude adorante.

Mais la passion peut aussi bien se **spiritualiser** : sainte Thérèse d'Avila, moniale bâtisseuse de monastères, abîmée en une ardente contemplation, « tout embrasée d'amour de Dieu » ; l'enflammée Mᵐᵉ Guyon, à l'exaltation communicative, considérée comme une sorte d'aventurière de la foi ; Clotilde de Vaux, objet de la passion dévorante et mystique d'Auguste Comte, qui en fait la vierge mère de sa religion positiviste ; Ève Lavallière, ravissante actrice adulée du public parisien, qui passe, après une brusque conversion, douze années d'humiliation et de mortification au Carmel ; Thérèse Neumann, la stigmatisée de Konnersreuth ; Sophie Germain, pour qui les mathématiques sont un coup de foudre et une transe intellectuelle.

Également passionnelles, voici les grandes **dominatrices** : Marguerite d'Anjou, la furie d'Henry VI d'Angleterre, qu'elle subjugue d'un ascendant irrésistible, devenant une véritable souveraine pour défendre le trône menacé ;

Caroline Murat, qui mène par le bout du nez le pourtant terrible et intrépide Joachim Murat – un couple infernal de deux Bélier !

La passion peut aussi se loger dans l'amour **maternel**, comme chez la reine Hortense, en dévotion devant son fils, le futur Napoléon III, ou dans l'amour de l'**art** : Marguerite d'Angoulême se console de sa solitude en montrant à la femme une voie de délivrance par la création littéraire. Dans le **romantisme** allemand, Bettina Brentano incarne l'idéalisme féminin avec le culte de l'héroïsme et la propagation d'idées libératrices ; Mme Vigée-Lebrun, qui passe une longue vie mouvementée à travers l'Europe, fait figure de première femme peintre célèbre.

Plus proches de nous, et dans la littérature Bélier, on trouve l'Américaine Flannery O'Connor, romancière à l'humour noir, à l'**écriture «coup de poing»**, ainsi que les Françaises Violette Leduc et Marguerite Duras…

Sur la **scène** ou à l'**écran**, le personnage du signe est assez marqué : la Pasta et la Malibran, ardentes divas romantiques faites pour les rôles épiques ; Gloria Swanson, une des premières incarnations de l'érotisme, qui déchaîna la réprobation des ligues familiales ; Francesca

Bertini, première vamp du cinéma italien ; l'incendiaire Jayne Mansfield ; Mistinguett, gavroche un peu canaille qui, au temps de la garçonne, dévoile ses gambettes sur scène ; Joan Crawford, championne du charleston, incarnation d'une folle jeunesse puis d'une glorieuse maturité ; Doris Day, tout en exubérante énergie.

Ce qui domine cependant dans ce groupe, c'est la **femme de cran**, la femme de trempe, à forte personnalité, indépendante et volontaire : Bette Davis l'insoumise, dure, acide, terrible ; Gaby Sylvia ; Françoise Rosay ; Anna Magnani ; Simone Signoret, au casque d'or symbolique et au franc-parler...

Le Bélier, comme tout signe, a naturellement ses cimes et ses abîmes. À un pôle, la **religion** : mission (saint François-Xavier), passion mystique (sainte Thérèse d'Avila, Padre Pio le stigmatisé) ou retour à une pureté première (Swami Ramdas) ; mais aussi William Booth, général fondateur de la Mission chrétienne, devenue l'Armée du salut, ou Ferdinand Lassalle, l'un des fondateurs du socialisme. À l'autre pôle, les deux « vedettes » du crime et du scandale à l'entrée du siècle dernier, nées la même semaine et marquées par le feu : Landru et Mme Steinheil, mêlée malgré elle aux assassinats de son mari et de sa mère, et dans les bras de qui le président Félix Faure meurt du feu de son désir...

Charles Baudelaire

Né à Paris le 9 avril 1821 à 15 heures, Baudelaire est (avec Zola) l'un des écrivains les plus typiques du signe. En effet, le Soleil, Vénus, Mars, Jupiter et Saturne occupent le Bélier ; son cas mérite donc d'être étudié. On ne saurait séparer les valeurs du signe de celles de la Maison VIII dans laquelle, avec toutes ces planètes, il se trouve : Maison de la mort, du néant, des valeurs infernales et sataniques. C'est dans cette direction générale qu'elles s'exprimeront, comme chez Zola elles s'exprimeront dans la sphère de la Maison IV, c'est-à-dire la famille, la maison, la terre, l'hérédité, le milieu... C'est ce qui apporte déjà une première différence d'orientation entre les deux créateurs.

Baudelaire peut être considéré comme le premier grand poète maudit ; le premier, il a donné le signal de la révolte ; le premier, il a tenté d'échapper à une société qui ne pouvait le comprendre : évasion et révolte.

Tout jeune, il est mis en pension. Autour de lui, il ne trouve qu'hostilité. Le collège de Lyon, notera-t-il plus tard, n'est que coups, batailles avec les professeurs et les camarades, lourdes mélancolies. Ce poète du Bélier, en même temps qu'il est un poète de la Maison VIII, est aussi un poète saturnien dans le plein sens astrologique, d'où l'association de thèmes contradictoires : révolte et mélancolie. Malgré le sentiment de solitude (Saturne), s'affirme un goût très vif du plaisir et de la vie. « Tout enfant, dit-il, j'ai senti dans mon cœur deux sentiments contradictoires : l'horreur de la vie et l'extase de la vie [1] », la première est à la Maison VIII et à Saturne ce qu'est au Bélier la seconde. Cette rencontre des extrêmes les plus opposés fera de Baudelaire un aventurier en détresse qui accomplira un voyage intérieur au plus profond de lui-même. Il cherchera les portes du rêve et de l'exploration intérieure par tous les moyens artificiels : boisson, opium, haschisch.

Cet explorateur plein du sens de la démesure (Bélier) ne rencontrera que la Maison VIII : « Chaque jour vers l'enfer nous descendons d'un pas. »

Cette descente en soi, cette plongée dans les profondeurs de l'inconscient, dans ce royaume des ombres où se projette la lumière implacable de son esprit critique (conjonction Mercure-Mars-Pluton), lui fera rencontrer le néant, la mort (on a parlé dans son cas d'un véritable « cimetière intérieur »). Bien plus,

1. *Journaux intimes.*

Baudelaire deviendra le chantre des *Fleurs du mal*, mettant le satanisme au centre de son œuvre et de son être, d'où sa poésie, d'une âpreté et d'une cruauté qui firent scandale.

Certes, nous n'irons pas jusqu'à dire, pour provoquer les analogies, que Baudelaire est un poète du feu par les flammes de l'enfer (il devait cependant y brûler, psychiquement), mais il l'est par son état poétique même, tout de « vaporisation du moi ». Cette vaporisation est évasion, et surtout, comme l'indique Georges Blin [1], à la fois fusion et ascension. Pour être celui

> *Qui plane sur la vie, et comprend sans effort*
> *Le langage des fleurs et des choses muettes*

« il faut s'élever, s'envoler bien loin de terre, se purifier dans l'air supérieur ». Élévation de la rêverie contemplative, ascension liquide vers les vastes cieux enchantés... Cette poésie de l'azur qui se plaît aux merveilleuses constructions de l'impalpable est, plus qu'une poésie de l'air (certains s'y sont trompés), une poésie purificatrice du feu, toute de fusion.

Guy Michaud tient Baudelaire pour « le père de toute la poésie moderne ». Sa sensibilité a défini une « nouvelle manière de sentir ». Cristallisant des courants multiples, entre-

---

1. *Baudelaire*, NRF, Paris, 1939.

mêlant et conjuguant de nombreux thèmes – spleen, satanisme, envoûtement, extase, mysticité... (Maison VIII) –, « le baudelairisme est devenu un thème littéraire nouveau... ». « Mais c'est dans son intuition des correspondances de l'analogie et du symbolisme universels (chers à l'astrologue), en voulant déchiffrer le mystère et l'hiéroglyphe de la création, qu'il fait surtout figure de précurseur [1]. »

De Baudelaire à son frère zodiacal Zola – que nous étudions plus loin –, il y a apparemment un monde qui rend tout rapprochement inconcevable. Ce n'est toutefois pas l'avis de l'astrologue, qui juge, par-delà des formes qui lui échappent plus ou moins, les analogies profondes. On comprendra ce qui rapproche ces deux auteurs en identifiant ce qui les oppose : Baudelaire est un introverti pur, entièrement tourné vers lui-même, et Zola un extraverti typique, exclusivement dirigé vers le monde extérieur. Le combat que le premier a mené, c'est au-dehors que le second l'a assumé. Et si Baudelaire a découvert l'enfer au bout de son exploration intime,

> *Plonger au fond du gouffre, Enfer ou Ciel,*
> *qu'importe ?*
> *Au fond de l'homme pour trouver du nouveau !*

1. Guy Michaud, *Message poétique du symbolisme*, éditions Nizet, Paris, 1947.

Zola a renouvelé la vision du romancier, mais en sondant les ténèbres extérieures, en découvrant l'enfer dans l'alcoolisme des Lantier, des Coupeau, des Bec-Salé, dans la prostitution de Gervaise, au plus noir du fond de la mine...

Casanova

C'est à Venise, le 2 avril 1725, qu'est né le roi de tous les aventuriers, dont la vie a flamboyé comme un météore sur tous les pays d'Europe : Giovanni Giacomo Casanova. On ignore son heure de naissance ; en tout cas, on a affaire à un type solaire ; précisément, un solaire du Bélier, assisté d'une forte marque Poissons en raison de l'occupation de ce signe par Mercure, Vénus, Mars et Jupiter.

On reconnaîtra la marque du Bélier dans cet autoportrait : « Joueur déterminé, vrai panier percé, grand parleur toujours tranchant, rien moins que modeste, intrépide, courant les jolies femmes, supplantant ses rivaux, ne connaissant pour bonne compagnie que celle qui divertissait, je ne pouvais être que haï ; mais toujours prêt à payer de ma personne, je me croyais tout permis ; car l'abus qui me gênait me paraissait devoir être brusqué. »

Et il ajoute, en d'autres circonstances « J'aime les mets de haut goût », citant à l'occasion les fromages où l'on commence à voir des vers et le gibier avancé, et concluant: « Quant aux femmes, j'ai toujours trouvé suave l'odeur de celles que j'ai aimées. »

Dans une folle vie menée à train d'enfer et aussi pleine de rebondissements qu'un conte des *Mille et Une Nuits*, il se présente tour à tour pauvre, endetté et riche, prêtre, officier, franc vaurien, joueur de violon, grand seigneur, libertin, Rose-Croix, gibier de prison, magicien, espion, écrivain, ermite encyclopédiste, sur toutes les routes d'Europe, toujours dans une ville nouvelle, accordant, en marge de ses conquêtes féminines et de ses escapades, une place de choix à ses assauts d'armes, à ses fiers défis, toujours plein de ressources en présence du danger, constamment engagé dans quelque nouvelle aventure... On le saisit multiple ou multiforme et contradictoire: hâbleur, tricheur, imposteur, faussaire, fripon, charlatan, cynique, plein de turpitudes, mais aussi bel esprit distingué et érudit, connaisseur en géométrie, en cabale, en alchimie, en astronomie, en sciences économiques, conversant avec les grands de ce monde, réfutant Voltaire et d'Alembert... Et quand, l'âge venu, il n'était plus en état de faire ce qu'il avait fait avec l'épée au côté et le carrosse à six chevaux à la porte, il le fit avec sa plume en écrivant ses mémoires ! Sa mort venue, son histoire elle-même devient aussi aventureuse que sa vie : depuis un siècle, sévit autour de ses mémoires une véritable bataille de « casanoviens » érigés en détectives et saisis par une véritable « fièvre du casanovisme » pour dépister, éclaircir, dénouer l'écheveau de la vie turbulente de l'homme le plus populaire de son siècle après Napoléon, et qui demeure encore mystérieux !

Son personnage psychologique se rapproche sensiblement de celui de Charlot, en ce sens que ce Bélier se livre spontanément à sa nature en ignorant ou en voulant ignorer les censures et les contraintes de l'éducation, de la civilisation. Dans la curieuse règle de conduite de Casanova, certaines choses étaient jugées déshonorantes, d'autres étaient en revanche des sujets de fierté. Qui peut distinguer le mélange de honte et d'orgueil avec lequel il confesse à sa maîtresse présente ses amours passées ? Casanova est un amoral en ce sens qu'il piétine les normes du commun et possède une morale qui lui est propre, laquelle lui autorise toutes sortes de fantaisies tout en lui donnant un code de bonne conduite. Il est un « hors-la-règle », presque un hors-la-loi : il est le Bélier de l'instinct à l'état naturel dans toute sa généreuse, dangereuse et confuse spontanéité animale.

Charlie Chaplin

Charlie Chaplin vient au monde à Londres le 16 avril 1889 à 19 heures, alors que se couche le Soleil en compagnie de Mercure dans le Bélier, un Bélier d'un genre particulier, qui porte la double signature planétaire d'Uranus qui se lève et de Saturne qui culmine.

Nous apercevons d'abord en lui le type uranien-saturnien, c'est-à-dire un indépendant solitaire qui, tout jeune garçon, se sauve de chez lui pour mener son aventure, à l'air libre, à la belle étoile ; un excentrique en rupture de ban, un inadapté humoriste à qui il arrive des histoires, et même une série de gags ; un être peu fait pour vivre sur cette planète mais qui fera finalement de son infortune première un génie unique en trouvant l'expression artistique de son originalité sur les bandes filmées, devenant le singulier petit homme à la moustache et au chapeau melon, à la canne flexible, au pantalon trop large, aux souliers trop longs, à l'allure de pantin sautillant et de robot saccadé...

Le héros comique qu'il a créé et fait vivre à l'échelle de l'humanité entière porte bien la griffe de ses deux étoiles. Son comique est fondamentalement une caricature uranienne d'inadaptation poussée à l'extrême : il utilise des réflexes ou applique des gestes qui conviendraient à une autre action ou situation : il suce les clous de ses chaussures comme des os et en avale les lacets comme des spaghettis... Profondément inclassable, inconnu, anonyme, sans papiers d'identité et sans ressources, sans nationalité et sans amis, il est un solitaire qui n'a pas de place dans la société des hommes, où il ne fait que des gaffes, comme lorsqu'il est emprisonné dans le tambour d'une porte de restaurant dont il ne peut se dégager... Et, insensiblement, nous passons de la note uranienne excentrique à la note saturnienne dramatique. On pense, par exemple, au gag répété de la femme coquette que Charlot croit captiver mais dont le regard s'adresse par-dessus lui à un rival qu'il ne voit pas... Son humour sombre est celui d'un poète maudit ; son comique est une comédie de la pauvreté (*Une vie de chien*), de la peine (*Charlot apprenti*, *Charlot boxeur*, *Charlot vagabond*, *Charlot soldat*...), de la solitude (*Le Pèlerin*), de la déception, du malchanceux récalcitrant... à tel point qu'on a dit qu'il était un poète de l'accommodation humiliée des hommes à leur misère !

Mais où est donc le Charlot Bélier ?

Il est déjà – et c'est en quoi le signe participe avec les deux planètes à un ensemble – dans ce Charlot « qui encaisse », pour qui tout commence, tout est à faire, et qui se meut dans un univers hostile, au niveau même de la lutte pour la vie. C'est presque constamment le droit à l'existence qui est en jeu dans ses sketches. Il est un héros de la volonté de vivre, qui risque de trébucher à chaque pas, à chaque entrave, qui ne s'avoue pas vaincu et tire de la lutte elle-même son principal sentiment d'exister. C'est bien en quoi il nous fait rire. Ses malheurs sont exaltants ! N'oublions pas que la pire chose qui puisse arriver au type Bélier, c'est la monotonie conduisant à l'ennui. Pour se sentir vivre, rien ne vaut le gag, avec son boomerang, ses effets de surprise, ses sensations à haute fréquence...

La griffe du Bélier est encore et surtout dans l'agressivité de Charlot, finalement révolté contre la société moderne. Si l'on veut bien regarder derrière la façade uranienne-saturnienne de l'inadapté timide, effrayé, maladroit et innocent, on voit poindre un Charlot du premier signe zodiacal, c'est-à-dire un Charlot « à l'état brut », d'avant la civilisation, un Charlot « primaire », « nature », qui obéit à son subconscient. Voyez ce héros comique piétiner avec ferveur les petits tabous de la vie sociale ! Il jette sa cendre de cigarette dans le corsage d'une dame, marche sur sa robe... On le voit même violer les tabous de la propriété (il vole souvent, et sans scrupules) comme ceux de la religion (il n'hésite pas à se déguiser en pasteur). On dirait qu'il lui plaît d'être un hors-la-règle, un hors-la-loi. Ce héros ignore toutes les censures, et son innocence d'enfant le pousse aussi bien à la bonté qu'à la malice ; il est l'amoral qui suit ses sentiments. Il peut être cruel, comme lorsqu'il se plaît à frapper la jambe douloureuse d'un malade paralysé par la goutte. *Monsieur Verdoux* pousse Charlot à ses conséquences extrêmes : en toute amoralité innocente, il va jusqu'à réaliser ses souhaits de meurtre ; bon et généreux pour celles qu'il aime, il assassine avec une nonchalante candeur celles qui lui déplaisent. *Monsieur Verdoux*, n'est-ce pas précisément la transposition du cas de Landru (qui tua ses nombreuses « fiancées »), natif par excellence du Bélier ?

La révolte n'est d'ailleurs pas qu'innocente... *Shoulder Arms* est la première, mais non la dernière, de ses œuvres à encourir une censure en Amérique et ailleurs. On connaît aussi ses réquisitoires explosifs contre la guerre, ainsi que les sketches dans lesquels il insulte et humilie les grands, rabaissés en figures de jeu de massacre : le Kaiser, Hindenburg... Et comment ne pas évoquer la charge fulgurante de la parodie du *Dictateur*, l'autre homme à la moustache qui possédait un ciel très voisin du sien (ils étaient nés l'un et l'autre presque le même jour, et à la même heure) ?

Tel est Charlot, mais tel était et tel est demeuré Charlie Chaplin.

Marguerite Duras

Gia Dinh, Indochine, 4 avril 1914, 4 heures : dualité Bélier (Soleil-Vénus)-Cancer (Lune-Mars-Neptune) sur lever de Mercure en Poissons (Ascendant) au carré de Saturne au méridien inférieur.

C'est ce profond Saturne qui évoque, avec une saveur sèche, la solitude première à laquelle tentent d'échapper les personnages des romans de Marguerite Duras, orphelins vivant « sans savoir pourquoi », impuissants à communiquer, livrés à une vaine attente pathétique et contraints de « rentrer dans le silence », échec d'une condition « cancérienne ».

Mais c'est en Bélier pur que se vit le créateur. Dans des propos recueillis par *Le Nouvel Observateur* du 16 octobre 1987, l'auteur de *L'Amant* exprime le désir d'écrire *Émily L*, un désir reçu comme une injonction « que je rapproche de celle à laquelle répondaient les chasseurs de la préhistoire, la nuit, au printemps. Je vois la littérature comme ça, comme une chose qu'on peut comparer à la chasse préhistorique. Quand aucun mot encore n'était écrit. Je la vois arriver comme ça. Avec cette force qui fait lever les hommes, et les fait marcher des jours et des nuits vers les terrasses de Lorraine pour attendre les cerfs qui sortent des forêts du pays allemand, non encore nommé, comme les pays et les hommes. Écrire, c'est aussi ça. Cet appétit de viande fraîche, de tuerie, de marche, de consommation de la force. C'est aussi cet aveuglement [...] ».

Arthur Honegger

Né au Havre le 10 mars 1892 à 7 heures, avec l'Ascendant au Bélier et Mars culminant dans le Sagittaire en Maison IX, ce grand musicien a, pour une part, une veine poétique typique de notre signe, qui s'inscrit en des œuvres rudes et vigoureuses, écrites en pleine pâte : *Horace victorieux*, *Chant de joie*, *Pacific 231*, *Rugby*, *Skating-Rink*, ouverture pour *La Tempête*... L'inspiration religieuse, le grand souffle mystique de *Jeanne au bûcher* et de la *Danse des morts* pourrait appartenir au signe des Poissons (10 mars), sans cesse relancé par le dynamisme du Mars culminant. Dans *Pacific 231*, en un style incisif, l'auteur s'est proposé de « traduire une impression visuelle et une puissance physique par une construction musicale ». Il a pris pour sujet une puissante locomotive, présentée d'abord immobile et respirant avec calme avant de prendre son élan ; il lui donne ensuite le départ et la lance à toute vitesse dans la nuit. L'orchestration communique l'euphorie et même la griserie de la vitesse de ce bolide dévorant joyeusement l'espace. Voilà assurément le plus bel exemple d'expression du Bélier de cet athlète musical.

Caroline et Joachim Murat

L'odyssée du ménage Murat est un vrai roman mettant en scène un couple de Bélier aux prises avec un destin exceptionnel. C'est ensemble, le 25 mars, que nos héros fêtent leur anniversaire, jour de l'année 1782 où naquit, à Ajaccio, Caroline Bonaparte, et de l'année 1767 où vint au monde, à Labastide-Fortunière dans le Lot, Joachim Murat. En plus d'un Soleil posé au même degré zodiacal, le Mars de l'un se superpose au Mars de l'autre en Taureau.

Quatre astres en Bélier: voilà la signature du maître de la cavalerie de la Grande Armée! Un athlète au caractère impétueux, intrépide, tête chaude faite pour l'aventure et les coups d'éclat. Cela fait un soldat d'une bravoure indomptable, un grand sabreur tout en fougue, lancé comme un ouragan sur le champ de bataille, puis un général à l'assaut, à la tête de ses troupes, chargeant l'ennemi en des chevauchées qui le couvrent de gloire dans les campagnes napoléoniennes.

C'est ce héros empanaché que pressent l'imagination excitée de la fillette de quinze ans qu'est Caroline, la sœur de Bonaparte, avec

une Lune en Lion toute d'aspiration de grandeur, ce Mars en Taureau plein de puissance animale et un aspect Soleil-Saturne en Capricorne,
d'une avidité d'ambition effrénée. En femme de
tête consciente de son charme et du parti
qu'elle peut tirer de la réussite du grand frère,
elle a tôt fait de découvrir parmi les généraux
qui l'entourent celui qui sera le plus en mesure
d'étancher son impatiente soif de vivre dans la
puissance et la grandeur.

À dix-huit ans, elle est déjà mariée, non sans
avoir imposé son union à Bonaparte lui-même.
Aussitôt, le jeune couple se lance dans une
vie de réjouissances et de folles dépenses.
Rien n'est trop beau et tout leur est permis : les
avantages à emporter, les places à conquérir,
les luttes sans trêve pour vivre le plus beau vertige de cette passion folle qu'est l'ambition.
Caroline est la tête pensante, calculatrice, de
cette stratégie à grands desseins qu'elle trame
avec Murat dans l'ombre de ce frère tout-puis-
sant, grand dispensateur de prébendes, de
charges et de trônes, qu'elle flatte, allant pour
se l'attacher jusqu'à jeter dans ses bras une
maîtresse à son service. Le couple est le premier
à la grande messe de l'Empire : gouverneur,
maréchal, grand-duc, couronne de Naples...

En route, de la façon la plus naturelle, Caroline s'est emparée des rênes du ménage, estim-
ant d'ailleurs que Joachim lui doit tout. Ce

soldat à l'avant-garde de la Grande Armée, dont la charge fait trembler l'Europe, n'est qu'un enfant entre ses mains : « Je te dis que tu seras roi si tu veux bien m'écouter ! » Mais Hercule n'entend pas filer aux pieds d'Omphale.

Devenus roi et reine de Naples, chacun prétend commander, aucun ne voulant céder à l'autre. C'est la guerre conjugale qui commence. Caroline va jusqu'à prendre comme amant l'aide de camp de Murat, chargé d'espionner son époux. La ruse découverte, elle devient la maîtresse de son ministre de la Guerre pour gagner à sa cause le conseil royal. Napoléon les réconcilie périodiquement, et ils mettent à ces réconciliations autant de hâte qu'ils en ont mis à se séparer. Ainsi se déroule le ballet de ce ménage où hostilités, scènes d'injures et menaces armées succèdent dans une course infernale aux réconciliations à chaudes larmes. Cela dure jusqu'à la campagne de Russie, où la reine, seule sur place, subit les décisions de son lointain partenaire : révocation de ses fonctionnaires, annulation de ses décrets...

Quand arrive le désastre qui prépare l'écroulement de l'Empire, nos ennemis ont enfin compris qu'il fallait se réconcilier pour conserver le trône de Naples. Ayant choisi la voie de la trahison, les deux complices se partagent la besogne ; Caroline devient la maîtresse d'un ambassadeur autrichien et Murat fait tirer le canon contre les Français. Mais les noces de feu sont finies, et la chute est aussi rapide que l'avait été l'ascension. Caroline finira par gagner le droit de vivre chez l'ennemi, tandis que Murat tombera en brave devant le peloton d'exécution.

George Sand

Née à Paris le 5 juillet 1804, George Sand n'est pas à première vue un type Bélier, mais la présence de la Lune dans le Bélier illustre pleinement le complexe de virilité attaché à cette position, qui correspond au type de femme Athéna (Minerve). « Il n'y a en moi rien de fort que le besoin d'aimer », a-t-elle écrit, et sa vie ne contredit point cet aveu. Elle insiste sur la passion de l'amour dans son *Histoire de ma vie* : il faut idéaliser cet amour ; il faut qu'il meure ou triomphe dans le roman (et dans la réalité). Ses romans passionnels sont pleins d'idéalité sensuelle et de passions inassouvies. Elle charge ses héroïnes, Valentine et Indiana, de protester contre les préjugés, et même contre les lois ; la femme, c'est la passion comprimée par les lois, c'est l'amour heurtant son front aveugle (image typique du Bélier) à tous les obstacles de la civilisation. Lélia, c'est la confession d'une désenchantée, qui poursuivit, sans l'atteindre jamais, la plénitude de l'amour. George Sand veut à tout prix qu'on rende aux passions naturelles la liberté. Dans ses *Lettres d'un voyageur*, qui racontent ses amours avec Alfred de Musset, elle dresse d'éloquents réquisitoires contre l'organisation sociale et plaide pour l'émancipation des femmes. Elle fut la première féministe. Elle s'efforça de toutes les manières de ruiner sa réputation de femme, s'éleva contre tout ce qui était féminin, s'habilla comme un homme, coupa ses cheveux, fuma le cigare...

Sainte Thérèse d'Avila

Soleil, Mercure et Vénus occupaient le Bélier avec l'Ascendant à la naissance de sainte Thérèse d'Avila (Avila, 28 mars 1515, 5 h 30). Le signe du feu domine donc la grande mystique, qui fut embrasée d'un violent désir de Dieu. Dans cet état singulier, elle eut des visions extatiques. « J'apercevais près de moi, du côté gauche, un ange sous une forme corporelle. Il n'était point grand, mais petit et très beau; à son visage enflammé on reconnaissait un de ces esprits d'une très haute hiérarchie qui ne sont que flamme et amour. Je voyais dans les mains de cet ange un long dard qui était d'or, et dont la pointe, en fer, avait à l'extrémité un peu de feu. De temps en temps, il le plongeait au travers de mon cœur, et l'enfonçait jusqu'aux entrailles; en le retirant, il semblait me les emporter avec ce dard, et me laissait toute embrasée d'amour de Dieu. Cet indicible martyre me faisait goûter les plus suaves délices » (chapitre XXXIV de son œuvre).

Vincent Van Gogh

Je sens en moi une force que je dois développer, un feu que je ne puis éteindre et que je dois attiser.

Le plus martien des peintres Bélier, celui dont le cri est le plus déchirant, est né à Groot-Zundert, dans le Brabant néerlandais, le 30 mars 1853 à 11 heures du matin, alors que Mars en Poissons au trigone de l'Ascendant culminait, suivi du Soleil puis de Mercure en Bélier, le premier et le dernier en aspect d'une conjonction Lune-Jupiter-Sagittaire amplificatrice.

Ce rouquin au regard inapprivoisé est un candide habité par une force intérieure qui le soulève et l'exalte. Que va-t-il en faire ? À quinze ans, il croit sentir l'appel de la religion ; peu après, il va évangéliser les mineurs du Borinage, devenant le plus pauvre parmi ces pauvres. Ce apostolat inquiète : il est repoussé, comme il le sera par les femmes, effrayées de ses excès (n'ira-t-il pas jusqu'à vouloir prouver ses sentiments en maintenant sa main au-dessus de la flamme d'une lampe ?). La peinture va maintenant le tenter, à la fois comme une religion nouvelle et comme une médecine chargée de vaincre le mal qui commence à le ronger.

Son contact avec elle est fruste et brutal ; ses premiers dessins sont heurtés, hachés, très appuyés, sa couleur faite d'empâtements et d'oppositions violentes. Sa venue à Paris élargit son univers. Il commence à découvrir la couleur, qui devient l'expression de ses sentiments et qu'il va porter à son maximum d'intensité ; à travers elle, il va révéler « les terribles passions humaines ». « Dieu se confond avec le feu du soleil et la violence de l'amour », écrit le peintre, qui sera un fou de Dieu, dans une lettre à son frère Théo.

Il n'a que peu de temps à vivre, et c'est une carrière tragiquement brève que la sienne. Peut-être le pressent-il. Son graphisme est fait d'un trait précipité, haletant, complété par la hachure et le pointillé ; ni tâtonnement ni reprise. Possédé par une fièvre de travail, une véritable fureur de création, il brosse à grands coups de « hachoir », en bâtonnets, en virgules, en volutes frénétiques, un embrasement de spirales qui emporte toute la toile dans son tourbillon.

Lorsqu'il descend en Provence, il reçoit comme un coup la révélation de son élément : la lumière, la couleur, l'embrasement solaire. Aussitôt, cela devient une obsession.

Alors le feu lui dicte son dessin, sa touche et sa forme, émules de la flamme. Le feu lui dicte ce fond de brasier onduleux devant lequel il dresse son portrait hagard ; le feu lui dicte sa couleur préférée, le jaune, que sa plume chante à l'égal de son pinceau. « Que c'est beau le jaune » (lettre 522). « Dans tout il y a maintenant du vieil or, du cuivre, du bronze, et cela avec l'azur vert du ciel chauffé à blanc, cela donne une couleur délicieuse » (lettre 497), ou encore « Atteindre la haute note jaune que j'ai atteinte cet été [...] cela est au-dessus de la question de maladie et de santé. Il monte parfois à l'orange, des oranges fulgurants comme du fer rougi » (lettre 520). Le feu enfin lui dicte l'objet majeur, centre de sa vision, celui autour duquel le ciel, la nature, le tableau entier tourbillonnent, engendrés par ses ondes de lumière : le soleil. Partout s'élève l'ode à l'astre. [...] La nuit encore, c'est le feu qu'il cherche, dans les lampes, les chandelles des intérieurs, entourées d'orbes elles aussi, ou, sous le ciel, dans les soleils lointains, les astres et les étoiles, qui brassent la nuit dans leurs girations. L'emprise solaire est telle que sa fleur préférée devient le tournesol, le « soleil » comme l'appelle le peuple, et il veut en peindre une demi-douzaine de toiles pour tapisser son atelier[1].

1. René Huyghe, *L'Art et l'Âme*, Flammarion, Paris, 1980.

Le feu est dans ses toiles, ses paysages, ses routes, ses maisons, ses moissons et ses visages, gondolés et bossués sous l'effet de son incendie intérieur, sous les battements de son cœur furieux, ainsi que s'empresse de le dire Élie Faure : son hymne fervent à la nature est un crépitement de langues de feu ; sa végétation, à nulle autre pareille, procède de l'arabesque aux courbes véhémentes d'un style « flamboyant » qui fait de ses buissons et de ses arbres de véritables brasiers aux flammes dansantes, et de ses meules un gonflement volcanique !

Ce que n'ont pas dit les critiques et les historiens-psychologues de l'art et ce que révèle la conjonction de ce Mars dominant avec Vénus entre lui et le Soleil, c'est que chez Van Gogh ce feu est érotisé, et que cette pyromanie sublimée a valeur de substitut orgasmique assimilant son message à un cri amoureux.

Mais le jaillissement de cette pulsion créatrice consume aussi son auteur. Vincent est et reste un marginal solitaire : nulle vie privée, pas de femme, pas d'ami non plus. Il n'existe que devant sa toile. Comment cet excessif ne deviendrait-il pas un forcené, un possédé ? Lui qui peint des centaines de toiles – jusqu'à deux par jour quand s'approche l'orage intérieur – ne va vendre qu'un seul tableau de son vivant, et tant de chefs-d'œuvre ne lui vaudront guère qu'un article élogieux à l'approche de sa mort.

Cette incompréhension le convainc qu'il est un raté et un parasite entretenu par un frère compréhensif, Théo, dont la protection est ressentie comme une grâce maternelle ; le transfert est d'ailleurs parfaitement perçu puisqu'il l'appelle « Théo-mère » (Mercure maître de la Maison III trigone à la conjonction Lune-Jupiter).

L'exaltation de la création ne peut néanmoins parvenir à le sauver du désespoir, ce qui survient précisément lorsqu'il voit son frère réaliser sa propre vie et en quelque sorte lui échapper. Alors arrive la déroute. Il souffre d'hallucinations et de crises d'agitation dont il sort hébété. On connaît sa querelle avec Gauguin, qu'il menace de son rasoir ; par remords de son geste, il se tranche le lobe de l'oreille droite, mutilation à la tête typique du Bélier. C'est ensuite l'internement à l'asile de Saint-Rémy et ses terribles crises, où il gesticule et hurle comme un halluciné, et enfin la montée à Auvers-sur-Oise où, le dimanche – jour du Soleil – 27 juillet 1890, il se rend dans « le champ aux corbeaux » qu'il avait peint quelques jours plus tôt et, face au soleil couchant, se tire une balle dans la poitrine. Il succombera deux jours plus tard, dans sa trente-septième année. Le feu là aussi... La rançon d'avoir, tel Prométhée, ravi le feu du Ciel et découvert par son regard une nouvelle vision du monde.

Émile Zola

Selon les données de l'état civil, Émile Zola est né à Paris le 2 avril 1840 à 23 heures. Il se présente comme un des Bélier les plus typiques de tous les grands écrivains, puisque à sa naissance le premier signe zodiacal est occupé par un amas de cinq astres : Soleil, Lune, Mercure, Mars et Pluton !

C'est un « Zola par lui-même » et par cet « amas » Bélier que nous présentons ici, à l'instar de Marc Bernard, à qui nous nous permettons d'emprunter les citations de cette étude [1].

Le caractère Bélier de Zola se révèle de bonne heure. À dix-neuf ans, il écrit : « Quand à l'avenir, je ne sais ; si je prends définitivement la carrière littéraire, j'y veux suivre ma devise : tout ou rien ! Je voudrais par conséquent ne marcher sur les traces de personne ; non pas que j'ambitionne le titre de chef d'école – d'ordinaire, un tel homme est toujours systématique – mais je désirerais trouver quelque sentier inexploré, et sortir de la foule des écrivassiers de notre temps. »

À vingt-deux ans, il a déjà un caractère. Quand il présente son premier livre, *Contes à Ninon*, à l'éditeur Lacroix, il ne se cache pas :

1. Marc Bernard, *Zola*, Le Seuil, Paris, 1988.

« J'ai du talent. » C'est pour lui une évidence qu'il ne sert à rien de dissimuler. Il sait exactement ce qu'il veut ; le public est là, à conquérir, et il fait les premiers pas. Dans sa correspondance de cette époque apparaissent partout les mêmes expressions typiques d'un jeune Bélier : « Puisqu'il ne s'agit plus que de marcher en avant, je marcherai » ; « À présent, il me faut marcher, marcher quand même ». Et sans cesse revient ce leitmotiv : « Nous sommes des impatients, nous voulons le succès au plus vite [...] mais je vous l'ai dit, nous sommes les enfants d'un âge impatient, nous avons des rages de nous grandir sur nos talons [...] ; du courage [...], je suis tout espérance. Nous sommes jeunes, et il y a des places à prendre [...]. Mais je suis un impatient, et je voudrais marcher encore plus vite [...] » ; « Allez de l'avant », conseille-t-il à ses amis ; « J'ai foi en moi, et je marche gaillardement ».

Ce Zola tout d'une pièce, ce confiant, ce pressé, cet impatient, cet hyperactif, dont les qualités maîtresses étaient la franchise et le courage, dont la vertu cardinale était la force, ce Zola qui affirme « Je n'ai souci que de vie, de lutte, de fièvre » et dont la vie entière sera sous le signe de l'agressivité, de la lutte, de la passion, de la polémique, de la violence, nous le reconnaissons bien sous l'entière signature du Bélier.

Sans doute, il ne saurait être question de ne voir en Zola qu'un Bélier. Jetons un coup d'œil sur sa carte du ciel : on aperçoit l'amas planétaire, dans lequel dominent Mars et Pluton, mais on remarque que ce groupement forme un aspect de trigone avec Saturne, qui a une position assez prééminente. Or c'est cet astre, ainsi placé, qui fait de Zola un écrivain naturaliste, à prétention scientifique : il pensait introduire dans le roman une rigueur scientifique ne le cédant en rien aux travaux des savants. Cette position bien saturnienne de romancier objectif l'oblige à se placer en toute franchise devant la nature pour la rendre dans une vision d'ensemble réaliste, sans exclusion aucune. Elle le conduit à une méthode de travail qui a ses exigences : Zola quitte sa chambre et abandonne sa plume pour s'informer, se promener sur les lieux qu'il doit décrire, lire tous les documents et pièces imaginables, et entretenir de longues conversations avec les auteurs du drame qu'il entend peindre.

Si nous voulons maintenant entrer dans l'univers du créateur, il nous faut faire état d'un autre élément que le signe zodiacal ou la planète dominante. Regardons à nouveau cette carte du ciel. On s'aperçoit que la fameuse quintuple conjonction planétaire du Bélier tombe dans un secteur céleste qu'on appelle la Maison IV. Chez Zola, les valeurs du Bélier sont

inséparables du contenu de cette Maison IV
(chez Baudelaire, elles ont partie liée avec la
Maison VIII) ; elles s'expriment à travers lui, en
jupitérien extraverti. Au-dessus de l'Ascendant,
Jupiter se lève.

Précisément, nous avons avec cette Maison IV une direction psychologique bien établie. En analogie avec le Cancer, signe de la
gestation, de la reproduction et des forces
maternelles, la Maison IV a trait à la mère (à l'hérédité du même coup), à la terre nourricière (la
mère nature), à la grotte protectrice (habitat,
maison, domicile) et au milieu environnant
(famille, mère patrie...). Derrière l'ordre illo-
gique de ces attributions se dessine une unité
organique dans la structure d'un archétype.

Or toute l'œuvre de Zola se découpe dans ce
plan symbolique. Sa « comédie humaine », *Les
Rougon-Macquart*, a trait à une « histoire naturelle et sociale d'une famille sous le Second
Empire ». Elle est élaborée en fonction de la
théorie du milieu et de l'hérédité : « Mon rôle a
été de remettre l'homme à sa place dans la création, comme un produit de la terre, soumis
encore à toutes les influences du milieu. » Dans
L'Assommoir, pour sortir de l'univers désespéré
du roman, il ne connaît qu'un refrain : la lutte
contre le taudis. Quand, avec *Germinal* (un titre
qui correspond d'ailleurs, dans le calendrier
républicain, au mois du Bélier), il aborde un

corps de métier, il prend pour héros la foule des mineurs, des travailleurs du sous-sol (on remarquera, en regardant le thème à nouveau, que la plupart des planètes sont massées tout en bas de la sphère céleste, au Fond-du-Ciel). Là aussi, il reprend le thème des taudis et de l'entassement des parents et des enfants dans un logement trop étroit (on pense à l'encombrement de la Maison IV par ces planètes). Quand, enfin, il aborde un autre monde, c'est celui de la terre. « J'ai voulu écrire, dira-t-il, le poème vivant de la terre : les saisons, les travaux des champs, les gens, les bêtes, la campagne entière. » Il y a même eu de son vivant toute une espèce de folklore qui a pris pour thème son œuvre même (pipes, médaillons, plumes et statuettes, entre autres, représentant Zola lui-même ou des personnages de ses romans). Tous les aspects de la maison sont représentés sauf la mère, mais nous avons tout lieu de supposer qu'elle joue dans l'inconscient de l'auteur un rôle de premier plan.

Le cadre et la direction de son œuvre sont déterminés par la Maison IV, mais pour son contenu affectif, nous retrouvons alors le Bélier avec les valeurs combinées de Mars et de Pluton. C'est lui qui donne la vision particulière du poète, ainsi que l'univers dans lequel il évolue. Nous allons retrouver notre climat d'agressivité, de violence, de passion, de haine, de révolte, et pour ce faire Zola choisira la tranche de vie saignante ; il sera attiré par les visions d'horreur de la condition humaine ; il ne verra que le drame, « la part sauvage de l'homme », son animalité à un degré de noirceur et de cruauté insurpassable. « Ce que je trouvais sans cesse devant moi, c'étaient les faits orduriers, les aventures incroyables de honte et de folie, l'argent volé et les femmes vendues. » Il nous jettera dans la plus opaque épaisseur des ténèbres et nous fera voir surtout une vision d'enfer. Il faut noter ici la part d'Hadès (Pluton), prince des Ténèbres, souverain des Enfers et dieu des morts ; pour l'astrologue, la planète ne dément point l'attribution mythologique. Par exemple, Zola exprime avec force, dans *Germinal,* la descente des cages dans la mine ; ce qui l'a le plus frappé, c'est la plongée dans les ténèbres. Cette plongée, on la retrouve analogiquement partout, que ce soit dans la chute alcoolique de Coupeau, le trottoir de Gervaise ou la mort de Lalie, ses plus belles pages. La grâce est bannie de l'œuvre de Zola ; l'homme y est sans recours, sans espérance, errant dans les ténèbres, traversant la vie sans lever le front, comme une bête qui marche à la mort.

Mais Zola devait encore se trouver au cœur d'un des procès les plus retentissants de notre histoire, qui mit le comble au déchaînement de la violence contre lui. Cette concentration planétaire, où dominent Mars et Pluton dans un étroit secteur d'une dizaine de degrés, constitue un faisceau de tendances qui évoque un véritable paratonnerre de l'agressivité. C'est ainsi qu'au moment de l'affaire Dreyfus il prend courageusement parti dans « J'accuse ! », le célèbre article de *L'Aurore*. Son violent réquisitoire provoque alors une émotion considérable. Zola devient brusquement le point de mire de toutes les attaques et de toutes les insultes de la presse anti-dreyfusarde. Il est traduit en cour d'assises, et son procès marque le point culminant de l'affaire quant à la violence des passions ; les duels succèdent aux duels, les bagarres aux bagarres ; ses amis sont matraqués. Clemenceau se souvient d'avoir vu Zola sortir des séances de la cour d'assises sous les pierres, les huées, les cris de mort : « Si Zola avait été acquitté ce jour-là, pas un de nous ne serait sorti vivant ! »

Le 6 juin 1908, les cendres de Zola étaient déposées au Panthéon, et l'on se battit encore comme au temps de l'affaire Dreyfus. La puissance et la combativité de Zola étaient telles qu'elles se prolongeaient au-delà de la mort.

La carte du Ciel

✴

Le zodiaque

✴

Pour faire notre tour d'horizon astronomique, nous devons nous représenter la Terre dans l'espace. Nous voyons notre globe tourner régulièrement sur lui-même autour d'un axe idéal passant par son centre ; les points où cet axe traverse la surface terrestre sont appelés « pôles », et cet axe est dénommé « axe des pôles » : on distingue le pôle nord et le pôle sud. À mi-chemin des deux pôles et perpendiculairement à cet axe se trouve l'équateur terrestre qui partage notre globe en deux moitiés égales : l'hémisphère Nord et l'hémisphère Sud.

C'est autour de la Terre, considérée comme centre, que se présente l'univers céleste, habité par les planètes et les étoiles. Cet univers est représenté par une sphère idéale, de rayon indéterminé, dont le centre est le lieu d'observation (pour l'astrologue, le lieu de la naissance) : la sphère céleste. Celle-ci possède les mêmes coordonnées que notre globe : les pôles nord et sud de cette sphère prolongent ceux de la Terre, tandis que l'équateur céleste et l'équateur terrestre sont situés sur le même plan.

—

Si l'on s'en tient aux mouvements apparents dans le Ciel, nous voyons le Soleil décrire un grand cercle sur la sphère céleste, qui constitue sa route annuelle par rapport aux étoiles : c'est l'écliptique ; son plan est incliné de 23° environ par rapport à celui de l'équateur céleste.

C'est précisément cette écliptique qui trace la ligne médiane du zodiaque. On tient celui-ci pour une bande circulaire du Ciel au long de laquelle cheminent les astres de notre système planétaire. C'est dans une ceinture, large de 17°, qu'avec le Soleil et autour de lui la Lune et les planètes principales suivent leur trajectoire et accomplissent leur révolution sidérale. Pour nous en tenir à une définition simple, nous dirons donc que le zodiaque est la piste céleste où s'effectue la ronde des astres de notre monde planétaire.

On le représente sur une surface plane par un cercle composé de ses 360°. Il est divisé en douze parties égales représentant les douze signes zodiacaux. Chacun d'entre eux a donc une étendue qui correspond à 30° de longitude comptés sur l'écliptique. Il existe même une subdivision en décans, chaque signe étant lui-même l'objet d'une répartition en trois décans de 10° chacun, mais l'influence qui s'attache à ces décans demeure problématique, et est rarement prise en considération. Le Soleil effectue une avance de 1° environ par jour ; il met un mois pour traverser chaque signe, et il accomplit le tour de piste zodiacal en un an.

Signes	Symboles	Longitudes	Dates
Bélier	♈	0° à 30°	21 mars au 20 avril
Taureau	♉	30° à 60°	21 avril au 20 mai
Gémeaux	♊	60° à 90°	21 mai au 21 juin
Cancer	♋	90° à 120°	22 juin au 22 juillet
Lion	♌	120° à 150°	23 juillet au 22 août
Vierge	♍	150° à 180°	23 août au 22 septembre
Balance	♎	180° à 210°	23 septembre au 22 octobre
Scorpion	♏	210° à 240°	23 octobre au 21 novembre
Sagittaire	♐	240° à 270°	22 novembre au 20 décembre
Capricorne	♑	270° à 300°	21 décembre au 19 janvier
Verseau	♒	300° à 330°	20 janvier au 18 février
Poissons	♓	330° à 360°	19 février au 20 mars

Il convient de ne pas confondre les signes du zodiaque avec les constellations qui portent le même nom. Il fut un temps où les uns et les autres se superposèrent, mais, en raison du mouvement de la précession des équinoxes, le zodiaque se déplace lentement dans les douze constellations. De nos jours, le décalage est tel que la constellation des Poissons (*Pisces*) est recouverte par le signe du Bélier, et celui-ci va arriver dans la constellation du Verseau (*Aquarius*), inaugurant pour l'humanité une nouvelle ère de deux mille ans, l'ère du Verseau.

Quoi qu'il en soit, ce qu'on appelle communément l'« influence du signe » ne subit pas la détermination de la constellation et ne procède pas de la nature de cette dernière. Si une caractéristique astrologique (signification) est attachée au signe, elle découle exclusivement de la position propre qu'il occupe dans la sphère céleste par rapport à celle des autres signes dans la dialectique annuelle de la nature. Le zodiaque des signes est inscrit dans le destin de notre Terre, expressif qu'il est du climat et des saisons de l'année. Telle est sa réalité vivante.

Les Maisons

*

En suivant le cycle de la journée terrestre (rotation du globe), nous sommes dans le cadre de la sphère locale, et le Ciel s'ordonne en fonction de deux plans essentiels : le plan horizon, qui coupe la sphère céleste en une partie visible (le ciel au-dessus de nous) et une partie invisible (le ciel caché par l'opacité de la Terre), et le plan méridien, qui la partage en une moitié orientale et une moitié occidentale. Ces deux plans orientent les quatre phases de la journée : à minuit, le Soleil passe au méridien inférieur (Fond-du-Ciel, FC) ; dans la matinée, il se lève à l'horizon oriental (Ascendant, AS) ; à midi, il culmine (Milieu-du-Ciel, MC), et le soir il se couche à l'horizon occidental (Descendant, DS). Voici le croquis d'une naissance du 15 mai à 10 heures (Soleil 24° Taureau ; Ascendant 13° Lion).

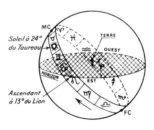

Ces quatre points de la sphère sont privilégiés ; si un astre s'y trouve – c'est-à-dire si cet astre passe au Fond-du-Ciel, se lève, culmine ou se couche, il domine et signe la personnalité. Mais, de la division quaternaire naturelle, les astrologues en sont venus à une répartition duodécimale, si bien que la sphère locale est partagée en douze tranches (égales à l'équateur mais inégales à nos latitudes) ou secteurs, connus sous le nom de Maisons. Le point Ascendant correspond au début de la Maison I, et celui du Fond-du-Ciel, à l'entrée de la Maison IV ; au Descendant débute la Maison VII, et la pointe de la Maison X tombe au Milieu-du-Ciel. On voit ainsi se déployer les Maisons I, II et III de l'Ascendant au Fond-du-Ciel, puis les Maisons IV, V et VI du Fond-du-Ciel au Descendant ; de ce dernier au Milieu-du-Ciel, nous avons les Maisons VII, VIII et IX, les trois dernières, X, XI et XII, s'étalent du Milieu-du-Ciel à l'Ascendant.

Certains astrologues n'ont pas manqué d'établir des analogies entre les douze signes zodiacaux et les douze Maisons, la Maison I étant un analogue du Bélier, la Maison II un analogue du Taureau et ainsi de suite jusqu'à la Maison XII, un analogue des Poissons. Ces douze Maisons constituent comme un zodiaque terrestre : leurs significations sont une réplique objective au contenu subjectif des signes. Ainsi, la Maison II a trait aux biens, à la fortune, de même que le

Taureau (deuxième des signes zodiacaux) est un symbole de possessivité matérielle...

Résumons la signification des douze Maisons :

Maison I
L'individu psychologique ; ses tendances animatrices.

Maison II
Sa concrétisation, son avoir : acquisitions, biens, fortune.

Maison III
Ses échanges avec l'entourage (frères et sœurs, proches, voisins) ; son éducation, ses écrits, ses déplacements.

Maison IV
Ses origines (milieu familial, parents) ; sa maison, son foyer.

Maison V
Ses loisirs, ses jeux, ses amours, ses enfants.

Maison VI
Ses servitudes (travail, santé, corvées domestiques).

Maison VII
Son monde complémentaire ou antagoniste (mariage, associations, collaborations et inimitiés déclarées).

Maison VIII
Sa mort (héritages), ses crises et ses métamorphoses.

Maison IX

Sa transcendance (connaissances supérieures, vie spirituelle) et ses grands voyages.

Maison X

Sa vie sociale (carrière, profession, réputation, honneurs).

Maison XI

Ses amitiés et ses protections.

Maison XII

Ses épreuves (maladies, embûches, exils, inimitiés cachées).

Les Planètes

✶

C'est ainsi que les corps célestes errants, luminaires et planètes, se meuvent dans les deux sphères superposées : en même temps qu'ils passent dans les signes zodiacaux, ils traversent les différentes Maisons. D'un signe à l'autre, l'astre voit sa tendance augmenter ou s'affaiblir tout en prenant une coloration particulière. D'une Maison à l'autre, cette tendance se dirige vers tel ou tel chapitre de la vie. Mais chaque planète a sa tendance propre qui correspond à une fonction globale de l'être (instinctif, affectif, intellectuel, moral...), laquelle a donné lieu à une typologie planétaire : le lunaire, le vénusien, le saturnien...

Soleil

Vie, chaleur et lumière ; volonté, conscience, idéalité, discipline, conscience morale, éthique, vocation.

Lune

Matière, fécondité, vie animale, végétative, inconsciente ; instinct, imagination, spontanéité, rêve.

Mercure

Vie de relations, d'échanges, d'adaptation, de mouvement ; intelligence, cérébralité, esprit.

Vénus

Vie d'attraction et d'adhésion ; amour, sentiment, affection, bonté, beauté, détente, plaisirs, arts.

Mars

Force impulsive ; pulsions agressives, destructives, sadiques ; tension, désir, conquête, passion.

Jupiter

Force d'expansion, d'affirmation, d'épanouissement ; adaptation, aisance, facilité, confiance, profit.

Saturne

Force d'inhibition, de concentration, de dépouillement, d'abstraction ; malaise, doute, détachement.

Uranus

Force d'individualisation, de singularisation, de dépassement ; indépendance, révolte, aventure.

Neptune

Force de « collectivisation », d'intégration au milieu, d'assimilation et de fusion à l'ambiance.

Pluton

Force des puissances infernales de la vie intérieure ; tendances agressives, sadiques, destructives.

Les aspects

★

Les planètes sont diversement réparties dans le zodiaque, et forment entre elles des rapports angulaires variables. On dit qu'il y a aspect quand ce rapport correspond approximativement à un écart particulier, géométrique. Ainsi, il y a conjonction quand deux planètes sont autour du même point zodiacal, sur le même degré ou à quelques degrés près.

Il existe des aspects traditionnellement qualifiés de bénéfiques parce qu'ils sont « harmoniques », c'est-à-dire que les tendances représentées par les planètes en aspect s'associent, se renforcent mutuellement ou coopèrent dans un climat de détente à une œuvre commune. Tels sont le sextile, aspect de 60° (il y en a six dans le cercle), et, surtout, le trigone, aspect de 120° (dans la circonférence, on peut en composer trois, qui forment un triangle).

Il existe aussi des aspects considérés comme maléfiques parce qu'ils sont « dissonants », en ce sens qu'ils établissent entre les tendances, représentées par les planètes en aspect, des rapports d'antagonisme, de conflit, d'incompatibilité, de scission. Telles sont la quadrature, ou carré, aspect de 90° (il s'en inscrit quatre dans le cercle, qui forment le carré), et l'opposition, qui, comme son nom l'indique, met face à face deux planètes, dans un angle de 180° coupant le zodiaque en deux.

On tolère un écart de quelques degrés dans la considération de l'aspect, écart qu'on appelle « orbe ». Ainsi, le trigone existe avec 5° d'orbe environ ; il est donc effectif dans un angle qui va de 115° à 125°.

Les configurations

✳

Interpréter la carte du Ciel consiste à saisir et déchiffrer les configurations qu'elle dessine.

On appelle « configuration » (ou encore « constellation », à l'instar de la constellation psychique des psychologues) un ensemble de données analytiques qui forment un tout synthétique. Une configuration simple est, par exemple, une combinaison réduite à trois éléments : planète, signe et Maison (sans aspect), surtout s'il y a des analogies entre ces facteurs. Tel est le cas de Vénus dans le Taureau en Maison VII : le sentiment d'amour exprimé par la présence de la planète s'intensifie dans le signe affectueux, passionné et stable du signe, et se manifeste dans le domaine conjugal de la Maison VII (mariage d'amour heureux et stable).

Le plus souvent, la configuration fait intervenir un plus grand nombre de facteurs, de rapports complexes : planète dans le signe, planète dans la Maison, signe dans la Maison, aspects de la planète, position et rapport de la planète qui règne sur le signe... La configuration doit alors faire l'objet d'une analyse minutieuse. Différentes règles d'interprétation président à ce dépouillement des données, mais leur étude nous entraînerait trop loin.

L'analyse des configurations ne doit pas seulement conduire à donner la note juste des ensembles qu'elles constituent, elle doit aussi aboutir à les présenter dans leurs rapports quantitatifs, si bien que l'on arrive à connaître la dominante du sujet. C'est sur elle que l'on se fonde pour dire qu'il est jupitérien ou saturnien, Bélier ou Taureau, encore que nous ayons affaire chaque fois à une formule complexe et originale de jupitérien, de Bélier...

Découvrez
vous-même
votre signe Ascendant

✶

Nous savons que, si le signe solaire apporte une note psychologique plus ou moins dominante, il en est de même du signe qui se lève à l'orient : le signe Ascendant. Il est aussi facile de le calculer... que de résoudre les petits problèmes éducatifs des hebdomadaires.

Il importe d'abord de connaître l'heure locale de la naissance.

Jusqu'au 15 mars 1891, l'heure en vigueur était l'heure locale ; il n'y a donc aucune rectification à apporter pour les naissances ayant eu lieu avant le 15 mars 1891.

Du 15 mars 1891 au 10 mars 1911, l'heure légale étant celle du méridien de Paris, il convient de procéder à une opération pour les naissances ayant eu lieu dans des départements situés à l'est ou à l'ouest du méridien de Paris, aucune rectification n'étant à faire pour les naissances voisines de la longitude de la capitale.

Pour obtenir l'heure locale, on *additionne* à l'heure légale les minutes correspondant au département de naissance lorsque ce dernier est situé à l'est.

—

Ain	+ 12
Alpes-de-Haute-Provence	+ 16
Alpes-Maritimes	+ 20
Ardennes	+ 10
Bouches-du-Rhône	+ 12
Corse	+ 26
Côte-d'Or	+ 11
Doubs	+ 15
Drôme	+ 10
Haute-Marne	+ 11
Hautes-Alpes	+ 15
Haute-Saône	+ 15
Isère	+ 14
Jura	+ 13
Meurthe-et-Moselle	+ 15
Meuse	+ 11
Rhône	+ 10
Saône-et-Loire	+ 10
Var	+ 17
Vaucluse	+ 10
Vosges	+ 16

En revanche, on *retranche* à cette même heure légale les minutes correspondant au département de naissance lorsque ce dernier est situé à l'ouest (aucune correction n'est à faire pour les départements qui ne sont pas mentionnés dans ces tableaux).

—

Charente	− 10
Charente-Maritime	− 10
Côtes-d'Armor	− 20
Deux-Sèvres	− 11
Finistère	− 26
Ille-et-Vilaine	− 16
Loire-Atlantique	− 15
Maine-et-Loire	− 12
Manche	− 14
Mayenne	− 12
Morbihan	− 20
Vendée	− 15

Depuis le 10 mars 1911, l'heure légale est celle du méridien de Greenwich. On effectue donc les mêmes opérations que précédemment, c'est-à-dire, pour obtenir l'heure locale, *additionner* à l'heure déclarée les minutes correspondant au département de naissance lorsque ce dernier est situé à l'est.

Ain	+ 20
Aisne	+ 14
Allier	+ 13
Alpes-de-Haute-Provence	+ 24
Alpes-Maritimes	+ 29
Ardèche	+ 18
Ardennes	+ 19
Aude	+ 16

Aveyron	+ 10
Bas-Rhin	+ 30
Belfort (Territoire de)	+ 28
Bouches-du-Rhône	+ 21
Cantal	+ 9
Cher	+ 9
Corrèze	+ 7
Corse	+ 33
Côte-d'Or	+ 20
Creuse	+ 7
Doubs	+ 24
Drôme	+ 19
Essonne	+ 8
Gard	+ 17
Haute-Loire	+ 15
Haute-Marne	+ 20
Hautes-Alpes	+ 24
Haute-Saône	+ 24
Haute-Savoie	+ 24
Haut-Rhin	+ 29
Hauts-de-Seine	+ 9
Hérault	+ 15
Isère	+ 22
Jura	+ 22
Loire	+ 17
Loiret	+ 7
Lot	+ 7
Lozère	+ 14
Marne	+ 17
Meurthe-et-Moselle	+ 25

Meuse	+ 20
Moselle	+ 25
Nièvre	+ 12
Nord	+ 13
Oise	+ 8
Paris	+ 9
Pas-de-Calais	+ 17
Puy-de-Dôme	+ 12
Pyrénées-Orientales	+ 10
Rhône	+ 19
Saône-et-Loire	+ 18
Savoie	+ 23
Seine-et-Marne	+ 10
Seine-Saint-Denis	+ 9
Somme	+ 10
Tarn	+ 8
Val-d'Oise	+ 8
Val-de-Marne	+ 9
Var	+ 26
Vaucluse	+ 19
Vosges	+ 25
Yonne	+ 14
Yvelines	+ 8

Et, au contraire, *retrancher* de cette heure légale les minutes correspondant au département de naissance lorsqu'il est situé à l'ouest.

Charente-Maritime . . . . −4
Côtes-d'Armor . . . . −11
Finistère . . . . −16
Ille-et-Vilaine . . . . −7
Loire-Atlantique . . . . −6
Morbihan . . . . −11
Vendée . . . . −5

Pour les départements traversés par le méridien de Greenwich (du nord au sud : Calvados, Orne, Mayenne, Sarthe, Maine-et-Loire, Deux-Sèvres, Charente, Gironde [est], Lot-et-Garonne, Gers, Hautes-Pyrénées), il n'y a aucune rectification à opérer.

Pour les naissances qui ont eu lieu *depuis 1916*, il convient de considérer également si l'heure en vigueur n'était pas *l'heure d'été* ; dans ce cas, il faut retrancher *1 heure* à l'heure légale. Voici les dates des heures d'été en France...

	DÉBUT	FIN
1916	14 juin à 23 h	1er octobre à 24 h
1917	24 mars à 23 h	7 octobre à 24 h
1918	9 mars à 23 h	6 octobre à 24 h
1919	1er mars à 23 h	5 octobre à 24 h
1920	14 février à 23 h	23 octobre à 24 h
1921	14 mars à 23 h	25 octobre à 24 h
1922	25 mars à 23 h	7 octobre à 24 h

	DÉBUT	FIN
1923	26 mai à 23 h	6 octobre à 24 h
1924	29 mars à 23 h	4 octobre à 24 h
1925	4 avril à 23 h	3 octobre à 24 h
1926	17 avril à 23 h	2 octobre à 24 h
1927	9 avril à 23 h	1er octobre à 24 h
1928	14 avril à 23 h	6 octobre à 24 h
1929	20 avril à 23 h	5 octobre à 24 h
1930	12 avril à 23 h	4 octobre à 24 h
1931	18 avril à 23 h	3 octobre à 24 h
1932	2 avril à 23 h	1er octobre à 24 h
1933	25 mars à 23 h	7 octobre à 24 h
1934	7 avril à 23 h	6 octobre à 24 h
1935	30 mars à 23 h	5 octobre à 24 h
1936	18 avril à 23 h	3 octobre à 24 h
1937	3 avril à 23 h	2 octobre à 24 h
1938	26 mars à 23 h	1er octobre à 24 h
1939	15 avril à 23 h	18 novembre à 24 h
1940	25 février à 2 h	avance 1 heure
	voir page suivante	
1941	*voir page suivante*	
1942	*voir page suivante*	
	2 novembre à 3 h	avance 1 heure
1943	29 mars à 3 h	avance 2 heures
	4 octobre à 3 h	avance 1 heure
1944	3 avril à 2 h	avance 2 heures
	8 octobre à 0 h	avance 1 heure
1945	2 avril à 2 h	avance 2 heures
	16 septembre à 3 h	avance 1 heure

Deux régimes horaires ont eu cours pendant les années de guerre 1940, 1941 et 1942. En zone Nord, *occupée*, on est passé à l'heure d'été allemande (avance de 2 heures) le 15 juin 1940 à 11 h, cette double avance s'y étant maintenue jusqu'au 2 novembre 1942 à 3 h, où l'on est revenu à l'heure d'hiver allemande (+ 1 heure). En zone Sud, *libre*, l'heure d'été en vigueur depuis le 25 février 1940 (+ 1 heure) s'est maintenue jusqu'au 4 mai 1941 à 23 h, où elle est passée à l'heure allemande (+ 2 heures), pour revenir à l'heure d'hiver (+ 1 heure) le 5 octobre 1941 à 22 h. Cette zone a repris l'heure d'été (+ 2 heures) le 8 mars 1942 à 23 h. Il convient donc de savoir de quel côté de la ligne de démarcation a eu lieu la naissance à cette époque, jusqu'à l'uniformisation du 2 novembre 1942.

Du 16 septembre 1945 au 28 mars 1976, notre pays a été continuellement en avance d'une heure sur Greenwich (+ 1 heure), heure qu'il faut donc soustraire de l'heure légale de naissance.

Depuis, ce régime est entrecoupé d'heures d'été qui surviennent (un dimanche) entre fin mars-début avril et fin septembre. À partir de 2004, il est prévu que l'heure d'été coure du dernier dimanche de mars au dernier dimanche d'octobre.

	DÉBUT	FIN
1976	28 mars à 2 h	26 septembre à 3 h
1977	3 avril à 2 h	25 septembre à 3 h
1978	2 avril à 2 h	1er octobre à 3 h
1979	1er avril à 2 h	30 septembre à 3 h
1980	6 avril à 2 h	28 septembre à 3 h
1981	29 mars à 2 h	27 septembre à 3 h
1982	28 mars à 2 h	26 septembre à 3 h
1983	27 mars à 2 h	25 septembre à 3 h
1984	25 mars à 2h	30 septembre à 3 h
1985	31 mars à 2 h	29 septembre à 3 h
1986	30 mars à 2 h	28 septembre à 3 h
1987	29 mars à 2 h	27 septembre à 3 h
1988	27 mars à 2 h	25 septembre à 3 h
1989	26 mars à 2 h	1er octobre à 3 h
1990	25 mars à 2 h	30 septembre à 3 h
1991	31 mars à 2 h	29 septembre à 3 h
1992	29 mars à 2 h	27 septembre à 3 h
1993	28 mars à 2 h	26 septembre à 3 h
1994	27 mars à 2 h	25 septembre à 3 h
1995	26 mars à 2 h	24 septembre à 3 h
1996	31 mars à 2 h	27 octobre à 3 h
1997	30 mars à 2 h	26 octobre à 3 h
1998	29 mars à 2 h	25 octobre à 3 h
1999	28 mars à 2 h	24 octobre à 3 h
2000	26 mars à 2 h	29 octobre à 3 h
2001	25 mars à 2 h	28 octobre à 3 h
2002	31 mars à 2 h	27 octobre à 3 h
2003	30 mars à 2 h	26 octobre à 3 h
2004	28 mars à 2 h	31 octobre à 3 h
2005	27 mars à 2 h	30 octobre à 3 h

Durant ces périodes chaudes de l'année, ce n'est donc plus 1 mais 2 heures qu'il faut *soustraire* de l'heure légale de la naissance.

En possession de l'heure locale, on calcule le *temps sidéral* de la naissance. Pour l'obtenir, on procède à une *addition* de cette heure locale – comptée de 0 h, soit 0 à 24 h – avec l'heure sidérale du jour de la naissance. Cette heure sidérale figure dans le tableau suivant ; elle correspond au chiffre trouvé au croisement de la colonne verticale du mois et de la colonne horizontale du jour. Ainsi, l'heure sidérale du 8 mai est 15 h 01.

Muni du temps sidéral de la naissance (heure locale + heure sidérale du jour), il suffit de se reporter à la dernière table pour trouver le signe Ascendant, chacun des douze signes ayant sa tranche horaire particulière : par exemple, le Bélier est signe Ascendant de 18 h à 19 h 05 de temps sidéral de naissance pour le sud de la France, et de 18 h à 18 h 58 pour le nord de la France.

Prenons un exemple : nous voulons connaître le signe Ascendant d'une naissance ayant eu lieu le 15 juin 1930 à 16 h 30 en Meurthe-et-Moselle. Cherchons d'abord l'heure locale. L'examen du tableau des heures d'été montre qu'il faut retrancher 1 heure, ce qui nous donne 15 h 30 ; en outre, depuis le 10 mars 1911, pour la Meurthe-et-Moselle, il faut ajouter 25 minutes. L'heure locale de naissance est donc : 15 h 55. Cherchons ensuite l'heure sidérale du 15 juin : 17 h 31. L'addition de l'heure locale (15 h 55) et de l'heure sidérale (17 h 31) donne le temps sidéral de la naissance, 33 h 26, en réalité 9 h 26 puisque, **quand on dépasse 24 heures, il faut retirer ces 24 heures** (33 h 26 − 24 h = 9 h 26). On lit dans le dernier tableau que, pour le nord de la France, le Scorpion est signe Ascendant pour un temps sidéral qui va de 8 h 45 à 11 h 30 ; puisque le temps sidéral est de 9 h 26, le Scorpion est donc le signe Ascendant.

JOURS	JANV.	FÉV.	MARS	AVRIL	MAI	JUIN
1	6.34	8.38	10.33	12.36	14.33	16.36
2	6.40	8.42	10.37	12.40	14.37	16.39
3	6.44	8.46	10.40	12.44	14.41	16.43
4	6.48	8.50	10.44	12.48	14.45	16.47
5	6.52	8.54	10.48	12.52	14.49	16.51
6	6.56	8.58	10.52	12.55	14.53	16.55
7	7	9.02	10.56	12.58	14.57	16.59
8	7.04	9.06	11	13.02	15.01	17.03
9	7.08	9.10	11.04	13.06	15.05	17.07
10	7.12	9.14	11.08	13.10	15.09	17.11
11	7.15	9.18	11.12	13.14	15.13	17.15
12	7.19	9.22	11.16	13.18	15.17	17.19
13	7.23	9.26	11.20	13.22	15.21	17.23
14	7.27	9.30	11.24	13.26	15.24	17.27
15	7.31	9.33	11.28	13.30	15.28	17.31
16	7.35	9.37	11.32	13.34	15.32	17.34
17	7.39	9.41	11.36	13.38	15.36	17.38
18	7.43	9.45	11.40	13.42	15.40	17.42
19	7.47	9.49	11.44	13.46	15.44	17.46
20	7.51	9.53	11.48	13.50	15.48	17.50
21	7.55	9.57	11.52	13.54	15.52	17.54
22	7.59	10.01	11.55	13.58	15.56	17.58
23	8.03	10.05	11.58	14.02	16	18.02
24	8.07	10.09	12.02	14.06	16.04	18.06
25	8.11	10.13	12.06	14.10	16.08	18.10
26	8.15	10.17	12.10	14.14	16.12	18.14
27	8.19	10.21	12.14	14.18	16.16	18.18
28	8.23	10.25	12.18	14.22	16.20	18.22
29	8.26	10.29	12.22	14.26	16.24	18.26
30	8.30		12.26	14.29	16.28	18.30
31	8.34		12.30		16.32	

—

JUILLET	AOÛT	SEPT.	OCT.	NOV.	DÉC.
18.34	20.37	22.39	0.37	2.39	4.38
18.38	20.41	22.43	0.41	2.43	4.42
18.42	20.45	22.47	0.45	2.47	4.46
18.46	20.49	22.51	0.49	2.51	4.50
18.50	20.53	22.55	0.53	2.55	4.54
18.54	20.57	22.59	0.57	2.59	4.57
18.58	21	23.03	1.01	3.03	5.01
19.02	21.04	23.07	1.05	3.07	5.05
19.06	21.08	23.11	1.09	3.11	5.09
19.10	21.12	23.14	1.13	3.15	5.13
19.14	21.16	23.18	1.17	3.19	5.17
19.18	21.20	23.22	1.21	3.23	5.21
19.22	21.24	23.26	1.25	3.27	5.25
19.26	21.28	23.30	1.29	3.31	5.29
19.30	21.32	23.34	1.32	3.35	5.33
19.34	21.36	23.38	1.36	3.39	5.37
19.38	21.40	23.42	1.40	3.43	5.41
19.42	21.44	23.46	1.44	3.47	5.45
19.46	21.48	23.50	1.48	3.50	5.49
19.49	21.52	23.54	1.52	3.54	5.53
19.53	21.56	23.58	1.56	3.58	5.57
19.57	22	0.02	2	4.02	6.01
20.02	22.04	0.06	2.04	4.06	6.05
20.06	22.08	0.10	2.06	4.10	6.09
20.10	22.12	0.14	2.12	4.14	6.13
20.14	22.16	0.18	2.16	4.18	6.17
20.18	22.20	0.23	2.20	4.22	6.21
20.22	22.24	0.26	2.24	4.16	6.24
20.26	22.27	0.30	2.28	4.30	6.28
20.30	22.31	0.34	2.32	4.34	6.32
20.33	22.35		2.36		6.36

—

Nous donnons deux tables. Pour les naissances ayant lieu au nord de la ligne Vendée-Jura (entre 47° et 50° nord), il faut se reporter à la table du nord de la France. Pour les naissances au sud de cette même ligne (entre 43° et 46° nord), il faut se reporter à la table du sud de la France.

Nord de la France

de 0 h 30 à 3 h 15	Lion
de 3 h 16 à 5 h 59	Vierge
de 6 h à 8 h 44	Balance
de 8 h 45 à 11 h 29	Scorpion
de 11 h 30 à 13 h 58	Sagittaire
de 13 h 59 à 15 h 48	Capricorne
de 15 h 49 à 17 h 01	Verseau
de 17 h 02 à 17 h 59	Poissons
de 18 h à 18 h 57	Bélier
de 18 h 58 à 20 h 11	Taureau
de 20 h 12 à 22 h 03	Gémeaux
de 22 h 04 à 0 h 29	Cancer

Sud de la France

de 0 h 44 à 3 h 21	Lion
de 3 h 22 à 5 h 59	Vierge
de 6 h à 8 h 38	Balance
de 8 h 39 à 11 h 15	Scorpion
de 11 h 16 à 13 h 41	Sagittaire
de 13 h 42 à 15 h 33	Capricorne

de 15 h 34 à 16 h 55	Verseau
de 16 h 56 à 17 h 59	Poissons
de 18 h à 19 h 04	Bélier
de 19 h 05 à 20 h 26	Taureau
de 20 h 27 à 22 h 17	Gémeaux
de 22 h 18 à 0 h 43	Cancer

Dom-Tom

Guadeloupe

Il suffit de *retirer* quelques minutes à l'heure légale suivant le lieu :

– 4 minutes à Saint-Martin ;
– 5 minutes à Grand-Bourg ;
– 6 minutes à Pointe-à-Pitre et à Basse-Terre ;
– 11 minutes à Saint-Barthélemy.

L'*addition* de cette heure corrigée au temps sidéral du jour fournit l'Ascendant selon la répartition suivante :

de 23 h 35 à 1 h 49	Cancer
de 1 h 50 à 3 h 52	Lion
de 3 h 53 à 5 h 59	Vierge
de 6 h à 8 h 02	Balance
de 8 h 03 à 10 h 12	Scorpion
de 10 h 13 à 12 h 25	Sagittaire
de 12 h 26 à 13 h 32	Capricorne
de 13 h 33 à 16 h 20	Verseau

de 16 h 21 à 17 h 59	Poissons
de 18 h à 19 h 39	Bélier
de 19 h 40 à 21 h 29	Taureau
de 21 h 30 à 23 h 34	Gémeaux

Quand il est midi à notre méridien de Greenwich, il n'est encore que 8 h du matin en Guadeloupe ; ce décalage de 4 heures est à prendre en considération pour la position du Soleil, en avance de ces quelques heures.

Martinique

Ce sont les mêmes données qui sont à prendre en considération, c'est-à-dire *retirer* à l'heure légale entre 2 minutes pour les lieux situés à l'est (Le Robert) et 7 minutes pour les lieux situés à l'ouest (Marigot), 4 minutes étant à retirer pour Fort-de-France.

Guyane

Pour les naissances ayant eu lieu *avant* le 1er janvier 1965, il faut *ajouter* à l'heure légale les minutes en fonction des lieux :
+ 24 minutes pour un lieu situé à l'extrême ouest (Saint-Laurent-du-Maroni) ;
+ 33 minutes pour un lieu situé à l'extrême est (Saint-Georges) ;
+ 30 minutes pour Cayenne.

Depuis le 1er janvier 1965, il faut *retirer* à l'heure légale les minutes selon les lieux:
– 36 minutes pour un lieu situé à l'extrême ouest (Saint-Laurent-du-Maroni);
– 27 minutes pour un lieu situé à l'extrême est (Saint-Georges);
– 30 minutes pour Cayenne.

L'*addition* temps sidéral + heure corrigée fournit l'Ascendant selon la répartition suivante:

de 23 h 52 à 2 h	Cancer
de 2 h 01 à 4 h 05	Lion
de 4 h 06 à 5 h 59	Vierge
de 6 h à 7 h 56	Balance
de 7 h 57 à 9 h 57	Scorpion
de 9 h 58 à 12 h 07	Sagittaire
de 12 h 08 à 14 h 12	Capricorne
de 14 h 13 à 16 h 13	Verseau
de 16 h 14 à 17 h 59	Poissons
de 18 h à 19 h 47	Bélier
de 19 h 48 à 21 h 44	Taureau
de 21 h 45 à 23 h 51	Gémeaux

Pour ce qui est de la Nouvelle-Calédonie et de la Réunion, le changement d'hémisphère modifiant la signification des signes, il est impossible de les traiter brièvement dans ce cadre.

Pour les pays étrangers

✶

Il ne saurait être question de donner ici les trop nombreux éléments horaires de tous les pays du monde. Contentons-nous de prendre en considération les pays européens de langue française.

✶

Belgique
Latitude 50°-51° nord
Comme pour la France, l'heure locale de Belgique varie en fonction des périodes.

Avant le 1er mai 1892
L'heure en vigueur dans tout le pays était celle de Bruxelles. Il n'y a donc pas, pratiquement, de correction à faire.

Du 1er mai 1892
jusqu'à la Première Guerre mondiale
C'est l'heure de Greenwich qui est en vigueur. Comme ce pays est à l'est du méridien, il faut, pour obtenir l'heure locale, ajouter à l'heure légale les minutes de longitude du lieu, en prenant la longitude de la ville la plus proche.

Anvers . . . . + 18 minutes
Bruges . . . . + 13 minutes
Bruxelles . . . . + 17 minutes

Gand . . . . + 5 minutes
Malines . . . . + 18 minutes
Malmedy . . . . + 24 minutes
Namur . . . . + 19 minutes
Ostende . . . . + 12 minutes

Pendant l'occupation allemande d'août 1914 à octobre 1918

La Belgique a vécu à l'heure allemande, soit à l'heure de l'Europe centrale. Pour toute cette période, il faut donc en outre retrancher 1 heure pour obtenir l'heure locale.

Il faut même retrancher 2 heures pendant les trois périodes suivantes, soumises à l'heure d'été allemande :

1916	du 30 avril	au 1er octobre
1917	du 16 avril	au 17 septembre
1918	du 15 avril	au 16 septembre

D'octobre 1918 au 19 mai 1940

La Belgique est revenue au régime du méridien de Greenwich, et il n'y a que l'addition des longitudes des lieux à faire. Toutefois, il convient encore de retrancher 1 heure lorsque la naissance tombe dans une période où l'heure d'été a prévalu.

Voici les dates où l'heure d'été a été appliquée en Belgique :

1919	du 1er mars 23 h	au 4 octobre 24 h
1920	du 14 février 23h	au 23 octobre 24 h

—

1921	du 14 mars 23 h	au 25 octobre 24 h
1922	du 25 mars 23 h	au 7 octobre 24 h
1923	du 21 avril 23 h	au 6 octobre 24 h
1924	du 29 mars 23 h	au 4 octobre 24h
1925	du 4 avril 23h	au 3 octobre 24 h
1926	du 17 avril 23 h	au 2 octobre 24 h
1927	du 9 avril 23 h	au 1er octobre 3 h
1928	du 14 avril 23 h	au 7 octobre 3 h
1929	du 21 avril 2 h	au 6 octobre 3 h
1930	du 13 avril 2 h	au 5 octobre 3 h
1931	du 19 avril 2 h	au 4 octobre 3 h
1932	du 17 avril 2 h	au 2 octobre 3 h
1933	du 26 mars 2 h	au 8 octobre 3 h
1934	du 8 avril 2 h	au 7 octobre 3 h
1935	du 31 mars 2 h	au 6 octobre 2 h
1936	du 19 avril 2 h	au 4 octobre 2 h
1937	du 4 avril 2 h	au 3 octobre 2 h
1938	du 27 mars 2 h	au 2 octobre 2 h
1939	du 16 avril 2 h	au 18 novembre 24 h

Du 19 mai 1940 à 1947

La Belgique a adopté l'heure d'été allemande (avance de 2 heures), et ce jusqu'au 2 novembre 1942 à 3 h, où a eu lieu le rétablissement de l'heure d'Europe centrale (+ 1 heure). Cette heure d'été allemande (+ 2 heures) est revenue en :

1943	du 29 mars 2 h	au 4 octobre 3 h
1944	du 3 avril 2 h	au 17 septembre 3 h
1945	du 2 avril 2 h	au 16 septembre 3 h
1946	du 19 mai 2 h	au 7 octobre 3 h

De 1947 à 1976

La Belgique a adopté continuellement l'heure de l'Europe centrale (+ 1 heure) sans heure d'été.

Depuis 1976

Le pays a, comme la France, recours à une heure d'été, avec les mêmes dates.

Pour le résultat, se reporter page 154 à la lattitude du nord de la France.

★

Luxembourg
Latitude 49° 37° nord

De la même manière qu'en France et en Belgique, l'heure locale du Luxembourg varie en fonction des périodes.

Du 1er avril 1892 au 10 mai 1940

Ce pays est passé de l'heure locale à celle du méridien de l'Europe centrale (+ 1 heure sur Greenwich).

L'heure d'été (+ 1 heure) y a été appliquée aux dates suivantes :

1916	du 1er mars 23 h	au 30 septembre 10 h
1917	du 30 avril 23 h	au 30 septembre 1 h
1918	du 15 avril 2 h	au 16 septembre 3 h
1919	du 15 avril 2 h	au 15 septembre 3 h
1920	du 14 février 23 h	au 23 octobre 2 h
1921	du 14 mars 23 h	au 26 octobre 2 h

—

1922	du 25 mars 23 h	au 8 octobre 1 h
1923	du 21 avril 23 h	au 7 octobre 2 h
1924	du 29 mars 23 h	au 5 octobre 1 h
1925	du 17 avril 23 h	au 4 octobre 2 h
1926	du 16 avril 23 h	au 3 octobre 1 h
1927	du 9 avril 23 h	au 2 octobre 1 h
1928	du 18 avril 23 h	au 7 octobre 1 h
1929	du 21 avril 23 h	au 6 octobre 3 h
1930	du 13 avril 2 h	au 5 octobre 3 h
1931	du 19 avril 2 h	au 4 octobre 3 h
1932	du 17 avril 2 h	au 2 octobre 3 h
1933	du 26 mars 2 h	au 8 octobre 3 h
1934	du 8 avril 2 h	au 7 octobre 3 h
1935	du 31 mars 2 h	au 6 octobre 3 h
1936	du 19 avril 2 h	au 4 octobre 3 h
1937	du 4 avril 2 h	au 3 octobre 3 h
1938	du 27 mars 2 h	au 2 octobre 3 h
1939	du 16 avril 2 h	au 19 novembre 3 h
1940	du 25 février 2h	au 10 mai 3h

Du 10 mai 1940 au 2 novembre 1942

Avec l'occupation allemande, le pays passe
à l'heure d'été de l'Europe centrale (+ 2 heures).

**Du 29 mars au 3 octobre 1943,
du 3 avril au 7 octobre 1944
et du 2 avril au 16 septembre 1945**

Avec l'occupation allemande, le pays passe
à l'heure d'été de l'Europe centrale (+ 2 heures).

Du 16 septembre 1945 à fin 1975

Le régime horaire est celui du méridien de l'Europe centrale (avance de 1 heure sur l'heure de Greenwich). Ainsi :

La capitale, Luxembourg, est à 49° 37' nord, soit 24 minutes à l'est de Greenwich.

L'heure locale s'obtient en additionnant ces 24 minutes à l'heure légale pendant les périodes du régime de l'heure de Greenwich. Il faut, en outre, retirer 1 heure pendant les périodes du régime de l'heure du méridien d'Europe centrale en période d'heure d'été, et retirer 2 heures pendant les périodes de l'heure d'été allemande.

Depuis 1976

Le pays a, comme la France, recours à une heure d'été, avec les mêmes dates.

Pour le résultat, se reporter page 154 à la lattitude du nord de la France.

✱

Suisse
Latitude 46° 47° nord

Comme pour la France, la Belgique et le Luxembourg, l'heure locale de la Suisse varie en fonction des périodes.

Avant le 1er juin 1894

L'heure en vigueur était l'heure locale de Berne. Il n'y a donc pas de correction à faire.

Du 1er juin 1894 à fin 1975

L'heure légale de toute la Suisse est celle du méridien d'Europe centrale. Il faut donc retrancher 1 heure pour obtenir l'heure locale, puis ajouter la longitude du lieu en prenant celle de la ville la plus proche :

Bâle . . . . + 30 minutes
Berne . . . . + 29 minutes
Genève . . . . + 24 minutes
Lausanne . . . . + 26 minutes
Lucerne . . . . + 33 minutes
Lugano . . . . + 35 minutes
Neuchâtel . . . . + 27 minutes
Zurich . . . . + 34 minutes

Il y a eu heure d'été du 5 mai au 6 octobre 1941 et du 4 mai au 5 octobre 1942. Durant ces deux périodes, il faut donc retrancher 2 heures.

Depuis 1976

Le pays a, comme la France, recours à une heure d'été, avec les mêmes dates.

Pour le résultat, se reporter page 154 et prendre la moyenne entre le nord et le sud de la France.

TABLE DES MATIÈRES

Pour aller plus loin avec André Barbault :

Astrologie
Symboliques, Calculs, Interprétations
Éditions du Seuil, 2005

ISBN 2-02-082567-8

(ISBN 1re édition poche 2-02-000690-1
ISBN nouvelle édition poche 2-02-010395-8)

© Éditions du Seuil, 1957, 1979, 1989, 2005

www.seuil.com

DIRECTION ÉDITORIALE : FLORENCE LÉCUYER
SUIVI ÉDITORIAL : NATHALIE BEAUX RICHARD
CONCEPTION GRAPHIQUE : LINE MARTIN ET ANNE CHEVRY
RÉALISATION : CURSIVES À PARIS

IMPRESSION : MAME IMPRIMEURS À TOURS
DÉPÔT LÉGAL : MAI 2005. N° 82567 (05032176)

IMPRIMÉ EN FRANCE